主　编：刘　卉

编写组：（按姓氏笔画为序）
　　　　王少坤　王豪坤　庄明科　刘东奇
　　　　刘泽华　李　青　李琼瑶　李婷婷
　　　　张朋钰　范滕滕　赵　亮　赵靖州
　　　　姜　源　聂　晶　唐　妮　谭卓立
　　　　熊娜娜

GAOXIAO YUANXI XINLI YUREN
GONGZUO SHOUCE

高校院系心理育人
工作手册

图书在版编目(CIP)数据

高校院系心理育人工作手册 / 刘卉主编. —— 北京：北京大学出版社，2025.3.
ISBN 978-7-301-35987-7

Ⅰ. G444

中国国家版本馆 CIP 数据核字第 2025AG6932 号

书　　名	高校院系心理育人工作手册
	GAOXIAO YUANXI XINLI YUREN GONGZUO SHOUCE
著作责任者	刘　卉　主编
策划编辑	刘国明
责任编辑	孙战营
数字编辑	金常伟
标准书号	ISBN 978-7-301-35987-7
出版发行	北京大学出版社
地　　址	北京市海淀区成府路 205 号　100871
网　　址	http://www.pup.cn　新浪微博：@北京大学出版社
电子邮箱	编辑部 pup6@pup.cn　总编室 zpup@pup.cn
电　　话	邮购部 010-62752015　发行部 010-62750672　编辑部 010-62750667
印刷者	北京鑫海金澳胶印有限公司
经销者	新华书店
	720 毫米×1020 毫米　16 开本　13 印张　189 千字
	2025 年 3 月第 1 版　2025 年 3 月第 1 次印刷
定　　价	49.00 元

未经许可，不得以任何方式复制或抄袭本书之部分或全部内容。
版权所有，侵权必究
举报电话：010-62752024　电子邮箱：fd@pup.cn
图书如有印装质量问题，请与出版部联系，电话：010-62756370

综　　述

党的十八大召开以来，以习近平同志为核心的党中央高度重视我国教育事业发展，对高等教育工作作出了一系列重要指示。党的二十大报告中也明确指出，要"全面贯彻党的教育方针，落实立德树人根本任务，培养德智体美劳全面发展的社会主义建设者和接班人"。培养新时代合格的建设者的前提是引导学生塑造理性平和的社会心态和良好的心理素质，因此，心理健康教育也被教育部纳入新时代高校思想政治教育工作十大重要育人体系，心理育人工作也作为新时代高校思想政治教育的重要育人要素，具有了新内涵、新特征。

新时代背景下，"00 后"大学生心理特征伴随着信息化、网络化的步伐，发生着明显的转变。这些新变化使其心理呈现出复杂多样的状态，部分学生甚至出现了焦虑等心理现象。因此，帮助大学生形成正确的世界观、人生观、价值观，引导大学生学会以客观的态度、科学的思维、理性的心态去面对当前的状况，是做好高校心理育人工作的主要方向。

院系工作者作为心理育人的重要力量，最了解学生的需要，最贴近学生的实际，最熟悉学生的生活，也最能及时有效地帮助学生排忧解难。为了使院系工作者了解可搭建的平台、掌握可利用的资源、借鉴可参照的形式，专业的心理工作者经过充分的前期调研和访谈，从院系工作者的视角出发，编写了本手册。本手册共分为六章。第一章是走进院系心理育人。内容包括院系心理育人的角色定位、院系在高校心理育人工作中的作用、院系心理育人优秀案例——"一站式"学生社区服务建设与发展。本章将带领院系工作者从院系的角度深入了解心理育人工作。第二章是院系心理育人立体化平台搭建。内容包括线下心理健康教育活动的设计与实施、特色心理育人活动示例、院系新媒体矩阵平台搭建。本章是院系工作者搭建院系心理育人平台的基础。第三章是院系心理资源体系建设与利用。内容包括院系二级心理辅导站、院系全员育人成合力、院系心理服务能力提升、发掘院系资源开展特色服务、加强院系与学校的沟通协作。本章将帮助院系工作者了解可借助的资源渠道以及搭建院系心理咨询室平台所具备的条件。第四章是辅导员工作实操流程及经验总结。内容包括辅导员与学生沟通技巧及成功案例、辅导员与学生家属沟通要点及注意事项、跨院系沟通与合作的方式方法、应激突发事件的处理流程及经验、辅导员如何进行自我关照。本章将为院系工作者在学生、院系、学生家庭及自我四个层面提供全面而实用的建议和注意事项。第五章是大学生心理危机干预工作。内容包括大学生心理危机干预体系构建，大学生心理危机预警、识别与干预，危机学生管理。本章将为院系工作者提供心理危机学生识别、可借鉴的危机干预体系搭建模型和危机学生管理经验。第六章是驻楼辅导员心理育人工作。内容包括驻楼辅导员心理工作室的搭建和工作角色定位、驻楼辅导员心理育人工作途径。后记为院系心理育人工作展望。

  我们希望本书成为院系工作者在实操中能够及时翻阅和参考的工具，助力院系工作者提高工作效能，引导大学生积极健康地成长。同时，也帮助院系工作者学会自我照顾，在工作中找寻工作的价值、意义，不断完善自我，成为更优秀的学生工作者。

【资源索引】

目 录

第一章 走进院系心理育人 ··· 1

  第一节 院系心理育人的角色定位 ······························ 3
    一、国内外高校院系心理育人比较 ···························· 3
    二、国内高校院系心理育人角色定位 ·························· 6
  第二节 院系在高校心理育人工作中的作用 ······················ 8
    一、推动院系思想政治教育有效开展 ·························· 8
    二、助力学生全面发展 ······································ 9
  第三节 院系心理育人优秀案例
        ——"一站式"学生社区服务建设与发展 ················ 9
    一、国内外高校"一站式"学生社区服务发展历程及运行
       特点 ·· 9
    二、国内"一站式"学生社区建设参考案例 ··················· 12
    三、国内高校"一站式"学生社区综合育人的思考与展望 ······· 20

第二章 院系心理育人立体化平台搭建 ······························· 23

  第一节 线下心理健康教育活动的设计与实施 ·················· 26
    一、"心理健康活动定制"——常见心理健康教育活动 ·········· 26
    二、团体辅导 ··· 28

第二节　特色心理育人活动示例 ……………………………… 38
一、示例一：传统心理健康教育活动——心理情景剧 ………… 38
二、示例二：特色"心理"+健康育人心理活动
——5·25全国大学生心理健康日夜奔活动 ……………… 41
三、示例三：创新心理健康教育活动
——心理沉浸剧本《P大模拟器》 ………………… 44

第三节　院系新媒体矩阵平台搭建 ……………………………… 46
一、微信公众号的设计思路 …………………………………… 47
二、微信视频号的设计思路 …………………………………… 48

第三章　院系心理资源体系建设与利用 …………………… 53

第一节　院系二级心理辅导站 …………………………………… 55
一、心理辅导站的角色定位 …………………………………… 55
二、心理辅导站的工作内容 …………………………………… 57
三、心理辅导站的队伍建设 …………………………………… 58
四、心理辅导站的硬件建设 …………………………………… 59
五、心理辅导站的心理咨询室建设 …………………………… 60

第二节　院系全员育人成合力 …………………………………… 62
一、辅导员的学生心理工作 …………………………………… 62
二、班主任的学生心理工作 …………………………………… 65
三、研究生导师的学生心理工作 ……………………………… 68
四、心理委员的学生心理工作 ………………………………… 70

第三节　院系心理服务能力提升 ………………………………… 73
一、完善学习培训制度 ………………………………………… 73
二、建立实践督导制度 ………………………………………… 74
三、常规培训主题 ……………………………………………… 74

第四节　发掘院系资源开展特色服务 …………………………… 77
　　　　一、发挥专业优势 ………………………………………………… 77
　　　　二、善用师资力量 ………………………………………………… 78
　　　　三、利用场地资源 ………………………………………………… 80
　　　　四、增强朋辈辅导 ………………………………………………… 81
　　　　五、各院系资源共享与合作 ……………………………………… 82
　　第五节　加强院系与学校的沟通协作 ………………………………… 86
　　　　一、协同学校各部门做好学生心理危机干预工作 …………… 86
　　　　二、与驻楼辅导员合作全面帮助重点关注学生 ……………… 87

第四章　辅导员工作实操流程及经验总结 ………………………… 91

　　第一节　辅导员与学生沟通技巧及成功案例 ………………………… 93
　　　　一、与学生沟通时的常见问题 ………………………………… 93
　　　　二、应对沟通困难的有效经验 ………………………………… 94
　　　　三、辅导员与学生沟通的成功案例分享 ……………………… 98
　　　　四、资深辅导员对新手辅导员的建议 ………………………… 103
　　第二节　辅导员与学生家属沟通要点及注意事项 …………………… 105
　　　　一、什么时候辅导员需要与学生家属进行沟通 ……………… 105
　　　　二、与学生家属沟通过程中的常见困难 ……………………… 107
　　　　三、与学生家属进行沟通的有效方式方法 …………………… 108
　　　　四、辅导员与学生家属进行沟通的成功案例分享 …………… 110
　　　　五、资深辅导员对新手辅导员的建议 ………………………… 115
　　第三节　跨院系沟通与合作的方式方法 ……………………………… 116
　　　　一、什么情况下会出现跨院系的沟通与合作 ………………… 116
　　　　二、跨院系沟通过程中的常见问题 …………………………… 117
　　　　三、跨院系沟通的要点 ………………………………………… 117
　　　　四、跨院系沟通的成功案例分享 ……………………………… 117
　　　　五、资深辅导员对新手辅导员的建议 ………………………… 118

第四节　应激突发事件的处理流程及经验 ………………………… 119
　　　　一、高校应激突发事件的常见类型 …………………………… 119
　　　　二、对高校应激突发事件的处理流程 ………………………… 119
　　　　三、舆情管控事件的成功案例分享 …………………………… 123
　　　　四、资深辅导员对新手辅导员的建议 ………………………… 125
　　第五节　辅导员如何进行自我关照 ………………………………… 126
　　　　一、高校学生管理工作的问题与困难 ………………………… 126
　　　　二、高校辅导员进行自我关照的方式 ………………………… 127
　　　　三、对高校学生工作的开展建议
　　　　　　——构建支持与挑战共存的系统 …………………………… 130

第五章　大学生心理危机干预工作 …………………………………… 133

　　第一节　大学生心理危机干预体系构建 …………………………… 136
　　　　一、"四级"预警防控体系介绍 ………………………………… 136
　　　　二、院系"网格化"预警防控体系搭建 ………………………… 138
　　第二节　大学生心理危机预警、识别与干预 ……………………… 140
　　　　一、大学生心理危机预警 ……………………………………… 140
　　　　二、大学生心理危机识别 ……………………………………… 142
　　　　三、大学生心理危机干预 ……………………………………… 153
　　第三节　危机学生管理 ……………………………………………… 161
　　　　一、危机干预学生日常管理注意事项 ………………………… 161
　　　　二、危机学生坚持在校学习（缓考等）和休学复学后的共管措施
　　　　　　——以北京大学为例 ………………………………………… 163

第六章　驻楼辅导员心理育人工作 …………………………………… 169

　　第一节　驻楼辅导员心理工作室的搭建和工作角色定位 ………… 171
　　　　一、驻楼辅导员心理工作室的搭建 …………………………… 171
　　　　二、驻楼辅导员心理育人工作的角色定位 …………………… 176

第二节　驻楼辅导员心理育人工作途径……………………178
     一、心理育人工作机制和体系搭建……………………178
     二、驻楼辅导员心理育人工作途径……………………179

参考文献……………………189

后记……………………193

第一章

走进院系心理育人

第一节　院系心理育人的角色定位

党的二十大报告中明确指出"培养什么人、怎样培养人、为谁培养人是教育的根本问题。育人的根本在于立德"。大学阶段是形成正确世界观、人生观、价值观的重要时期，院系作为指导大学生学习生活最为紧密的单位和载体，在学生的大学生活中承担着极为重要的作用。虽然这一年龄阶段个体的生理发展基本接近成熟，但在心智、情绪等方面尚缺乏应对经验，容易因外部环境等因素心态失衡，造成内心冲突，痛苦不堪，甚至导致长期抑郁等不良后果，影响身心成长。面对学业、就业、经济、人际关系等方面的压力，院系作为学生紧密相连的载体，在识别、察觉、发现并疏导学生心理问题，以及进行必要干预方面，具备独一无二的优势。在开展思想政治教育的同时，院系应根据学生的心理发展状况，有针对性地融入心理健康教育，为国家培养价值观正确、内心平和的社会主义建设人才。

一、国内外高校院系心理育人比较

国内外高校院系心理育人在各方面均有不同，具体区别见表1-1。

表 1-1　国内外高校院系心理育人比较

	国内高校院系	国外高校院系
目标/任务	<ul><li>立德树人</li><li>培养理性平和心态</li></ul>	<ul><li>保持身心健康</li><li>重视学生生命与生活，关怀学生的价值与信仰，主张改变大学生活来适应学生的心理需求</li></ul>
特点	<ul><li>心理健康教育与思想政治教育相融合，育人育德相统一</li><li>强调"三全育人"，实现全覆盖</li><li>培育自尊自信、理性平和、积极向上的社会心态，重视他我与自我的平衡</li><li>提供心理支持，主动察觉、发现、培养</li></ul>	<ul><li>专业角度的心理健康教育，无思政教育融合教育</li><li>被动等待学生上门寻求心理支持，保险兜底</li></ul>
从业人员	<ul><li>党委副书记、辅导员</li><li>院系心理咨询师</li></ul>	<ul><li>学生事务管理者、学生事务专员</li></ul>
从业人员要求	<ul><li>健全的人格，扎实的专业知识，可信赖的伦理道德</li><li>国内高校院系大多数没有设置二级院系心理辅导站，需要借助学校心理中心专业力量，辅导员在面对学生困惑时承担兼职职责，心理危机干预时承担资源转介职责</li></ul>	<ul><li>提供转介和资源，相对被动</li></ul>

续表

	国内高校院系	国外高校院系
	● 能够协助心理健康教育机构完成心理筛查的组织和实施，能够了解大学生的心理特点，熟悉大学生常见的发展心理问题，掌握倾听、共情、尊重等沟通技巧，能够与大学生建立积极有效的师生关系，帮助学生适应一般的心理困扰，能够组织开展形式多样的心理健康教育与宣传活动，如举办讲座、设计宣传展板等，能够组织学生参加陶冶情操、磨炼意志的课外文体活动，提高学生心理健康水平	
心理育人内容和形式	● 心理健康教育内容针对性强，常开展心理健康主题活动，如学习适应问题、情感问题、宿舍人际关系、情绪调节等心理辅导 ● 依托学校心理中心资源，适时开展"心理健康月""专题讲座""特色心理教育"等心理健康教育活动 ● 鼓励学生选修心理健康课程，塑造正确的世界观、人生观、价值观	● 活动涉及大学生生活、学习，如学业、发展、自我潜能开发、人际交往技巧、求职技巧，以及特色活动主题，如饮酒、吸毒与健康生活、亲密关系与个人成长 ● 宣传心理选修课程

二、国内高校院系心理育人角色定位

当代大学生的主体是"00后",也被称为Z世代青年、两千后。他们出生在社会转型加速、改革深化、全球化和信息化飞速发展的关键时期,多数为独生子女,既是国家经济发展的受益者,又是网络新媒体的深入体验者。然而,在享受这些机遇的同时,他们也面临着多元社会文化和复杂舆论环境的挑战,其人际交往、学习生活、思维方式及心理健康等方面受到新媒体的显著影响。院系辅导员作为大学生心理健康成长的指导者和引路人,也是心理育人的重要实施者,在心理育人工作中发挥着极为重要的作用。他们通过与学生建立紧密联系,构建良好的师生关系,能够细致地把握学生的身心发展状况和特点规律,关注学生的心理需求和兴趣。在日常互动中,辅导员们以自身的积极心理品质和乐观态度为榜样,传播正能量,增强学生的心理韧性,帮助他们纠正不合理的心理认知,进而提升大学生的心理健康综合素质。

当代大学生在物质需求得到基本保障的情况下,更加注重精神层面的追求。因此,心理健康教育的重要性愈发凸显。在此背景下,明确院系在心理育人方面的角色定位显得十分有必要。

（一）学生心理健康知识的普及载体

随着信息化的发展和社会的持续进步,伴随着网络等新型传播媒体的变革,学生获取心理健康知识的途径日益多样化。为了更有效地普及心理健康知识,院系需充分利用和挖掘新媒体方便、快捷、新颖、经济等传播优势,在深入把握院系学生的心理特点和需求的基础上,借助校内外心理专业机构和新媒体资源,快速、有效地普及积极向上的心理健康理念。为此，院系可增设心理育人微信公众号板块，加强与大学生的交流与互动，营造积极、主动、向上的心理育人氛围，及时掌握院系学生心理动态，潜移默化地促进学生健康心理和健全人格的发展。

（二）学生心理困惑的发现和援助主要平台

院系与学生的学习生活关系密切，在日常的教育和管理中与学生接触的机会和时间最多，因此对学生状态的把握是全面而深入的，也能及时有效地提供心理援助。院系可以借助多渠道信息获取优势，如学生主动上报、心理健康普测结果、问卷调查反馈等，从整体上构建覆盖校内与校外、入学前与毕业后的立体化空间数据发现与心理育人援助网络。同时，推动心理育人工作线上线下整合，及时察觉问题，提供有力的支持和援助。

院系辅导员与学生联系密切，可以在院系学生心理危机发生时第一时间赶到现场并采取相应的措施（如制止、陪护、谈心谈话、送医等）。同时，辅导员还应协助学生协调校内相关部门、资源，与学生父母进行沟通，并提供相应的心理支持和援助。

（三）学生心理健康活动的组织平台

院系拥有充足的资金和人员，能够根据学生身心成长的规律，在不同时段组织适合院系学生的心理健康活动，这些活动逐渐形成院系心理育人体系中的一部分。班主任和辅导员作为心理育人工作的设计者、组织者和引导者，应充分利用自身角色优势，主导班级主题班会、心理健康节等活动，还可以根据学生心理需求的变化，积极设计相关活动，潜移默化地帮助学生化解心理危机。

第二节　院系在高校心理育人工作中的作用

教育部办公厅《关于加强学生心理健康管理工作的通知》中明确提出要"强化日常预警防控。高校要健全完善'学校-院系-班级-宿舍/个人'四级预警网络，依托班级心理委员、学生党团骨干、学生寝室室长等群体，重点关注学生是否遭遇重大变故、重大挫折及出现明显异常等情况。辅导员、班主任每月要遍访所有学生寝室，院系要定期召开学生心理异常情况研判会，对出现高危倾向苗头的学生及时给予干预帮扶"。院系作为高校联系学生紧密的平台，是心理育人的重要一环，发挥着不可或缺的作用。

一、推动院系思想政治教育有效开展

心理育人是思政教育的一部分，与思想政治教育相辅相成、相互渗透、互相促进。心理健康教育可以有效地培养院系学生积极平和的心态，是正确理解、有效接受思想政治教育的前提条件。学生的心理健康程度会影响思想政治教育的有效实施，心理健康状态不佳可能导致学生对思想政治教育产生误解，甚至更易出现违背正常世界观、人生观、价值观的行为。因此，在思想政治教育的过程中加入心理育人元素，强调尊重、共情、积极等向上的人生态度，更容易获得学生的信任与接受，从而提升思想政治教育的实效性。

二、助力学生全面发展

人的全面发展是自身发展的高级形态。在心理育人的过程中，院系在尊重学生身心发展规律的同时，也要从侧面助力学生的独特性与个性化发展，在此基础上，院系应不断为学生提供接纳、肯定等正向的心理支持，鼓励学生发展自己的兴趣爱好，敢于追求自己的理想与事业。同时，院系还应支持学生在认知、情感、意志、行为、人格与价值观等方面进行深层次的探索，从精神层面推动学生完善心理状态，实现从心理层面促进人的智力、体力、品德、精神状态的全面而充分的发展。

第三节 院系心理育人优秀案例
——"一站式"学生社区服务建设与发展

一、国内外高校"一站式"学生社区服务发展历程及运行特点

（一）国内外高校"一站式"学生社区服务发展历程

20世纪90年代前后，国外高校开始探索学生事务的"一站式"服务。1988年，美国特拉华大学因学生对学校满意度普遍较低，引发了对学生事务管理与服务的系统性思考。该校在原有基础上探索出面向全体学生提供

教务、学生证件、经济援助、缴费、停车等一站式服务的新模式，这种服务模式为许多高校构建"一站式"学生社区服务提供了参考和借鉴。

20 世纪 90 年代，"一站式"学生社区服务概念传入我国。经过 20 多年的发展，工作使命逐渐清晰，理念不断深化，模式走向成熟。2003 年 9 月，浙江万里学院设立了全国高校第一家"一站式"学生事务中心——"阳光大厅"，将原本分散的学生事务管理部门整合重组，正式拉开了国内"一站式"学生社区服务建设的序幕。2009 年，中国"一站式"学生社区服务开始陆续构建，并不断探索出富有中国特色的"一站式"学生社区服务的类型。国内高校"一站式"学生社区服务设置以书院制为起点，依托院系作为服务平台，大多由学工部负责统筹管理。相较于国外高校，国内高校"一站式"学生社区服务不仅更强调党的建设、资源汇集等方面，而且更加契合中国国情和时代发展的实际需求。

（二）国内外高校"一站式"学生社区服务运行特点

1. 国内高校"一站式"学生社区服务运行特点

（1）坚持党的领导的重要载体

我国高校的"一站式"学生社区服务是在党领导下的育人工作，空间设置和治理使得党建引领能够延伸到学生群体最末端，能够把党的路线方针政策传递到学校育人的最前沿，真正做到了"学生在哪里，哪里就有党组织"。

（2）一线工作的有力支撑

我国高校"一站式"学生社区服务运行由多部门、多成员团队共同进驻，全方位开展指导与支持，形成一线育人的合力。这种上下互通的模式便于及时掌握学生的日常学习、生活、健康状况，为学生成长提供了良好的平台和服务。

（3）平安校园的建设典范

我国高校"一站式"学生社区服务集多功能于一体，拓展了更多的学习和生活空间。在心理健康、消防安全、交通出行、食品安全等方面，"一站式"学生社区服务提供全方位的关注与支持，更能推进资源平台的互联互通，聚焦与促进学生德智体美劳的全面发展。

2. 国外高校"一站式"学生社区服务运行特点

（1）从管理到服务

在教育环境变化、财政压力、招生竞争的背景下，国外一些高校实行了管理机构改革，从整合学生经济类事务起步，逐步扩展到生活类事务，最终立足于服务"学生学习"，实现了学生事务与教务、生活类相关业务的协同。"一站式"学生社区服务是学校管理去行政化、消除官僚主义、提高服务质量和效率的成果。

（2）以学生为中心

从学生角度出发，为学生提供服务。国外高校学生事务部门通过角色转换，从学生角度思考所需提供的服务和流程设置。通常，国外高校学生服务中心多位于校园中心位置，以便于学生访问。服务中心的空间布局、内饰和家具选择都侧重于舒适性。服务中心业务流程基于学生的建议和反馈，聚焦于"顾客"（即学生）的满意和学业成功。服务内容涵盖学生学习、生活、健康、社会参与等多个方面，致力于与学生建立良好的互动关系。

（3）系统整合推动部门工作协同

国外高校的"一站式"学生社区服务模式将计算机网络技术作为运行

的基础支撑，不断完善学生信息管理数据库，并增强跨团队协同能力。同时，网络服务为学生提供了在线信息获取的"门户"，并提供个性化服务，常见的有"My Institution"平台，实现了多部门在线办公和学生服务的集约化。

二、国内"一站式"学生社区建设参考案例

（一）北京大学医学预科"一站式"学生社区建设

2021年8月以来，北京大学医学预科秉承大思政格局下的"三全育人"工作主线，聚焦于爱国主义教育、集体意识的培养以及医学职业精神的启蒙，以此作为对医学预科生开展思想政治教育的着力点。将学生居住的宿舍场域视为育人有效载体，广泛开展了各类思政教育及第二课堂活动。管理干部和辅导员下沉社区，积极推进学生成长服务、心理咨询和日常管理等各项工作。

1. 空间方面

北京大学医学预科"一站式"学生社区建设集成了党建活动室、悦读室、养心室、医预茶吧、多功能厅和舞蹈排练室于一体，共计180余平方米，采取灵活高效的预约审核机制，面向全体学生免费开放。每个功能区均融入了侧重的思想政治教育元素，旨在营造全方位、多层次的育人环境。

（1）党建活动室

本活动室结合党建与思政育人功能，设有舒适的沙发和茶几，旨在为参与者营造温馨的交流空间。墙面设计以红色展板为主体背景，标语墙饰

内容为入党流程导览、入党誓词和理论学习要点等，全方位营造浓厚的思想政治育人氛围。此举有效增强了积极分子同学对党组织的认同感和归属感，使活动室成为加强学生思想教育、党性教育的重要活动场所，同时也极大地提升了开展党建活动的便利性。

（2）养心室

依托"一站式"学生社区管理机制，医学预科办公室（简称医预办）为学生配备了减压沙袋、减压包、心理学书籍以及舒适的沙发和座椅，为辅导员、专业班主任和第二班主任顺利开展与学生的沟通交流工作提供便利，在拉近与学生距离的同时，也提升了医预办心理育人工作的成效。

（3）悦读室

悦读室布局精致温馨、舒适明亮，室内配备桌椅和小型书架，便于学生静心阅读、畅游书海，鼓励学生培养良好的阅读习惯、提升道德修养。同时，悦读室也为小型会议和小组讨论提供空间，有利于深度辅导工作的顺利开展。

（4）"医预茶吧"室

主要用途为邀请校本部、医学部及附属医院专家学者深入医学新生群体，做客医预办学生素质教育品牌活动——"医预茶吧"，该活动至今已成功举办四十余期。医预办在此房间内为学生活动配备了电子显示屏和大型投影幕布。为了有效利用紧张的学生活动空间资源，医预办还定期在此处组织医学人文素质观影活动。同时医学职业精神启蒙教育书库也坐落此处，学生可免费借阅各种医学人文类书籍，此举也是医预办将医学新生职业精神启蒙教育下沉到学生社区的有益尝试。

（5）多功能厅

多功能厅整体活动空间较大，桌椅齐全，装修风格更加贴近学生群体，同时室内配备有电子屏幕，便于开展各专业班级团日活动和文化娱乐活动，进一步丰富学生课余文化生活，促进美育教育与思政教育的深度融合。

为保障"一站式"学生社区管理工作的顺畅进行，同时切实解决师生在活动空间开展各项工作中遇到的实际困难，2021年，医预办联合总务部、公寓管理中心、计算中心等多家单位，彻底解决了学生活动室取暖设施不足、网络覆盖不全等问题，使"一站式"学生社区管理工作内容更细致、更精准，服务管理更贴近学生需求。

2. 党建方面

为了更加全方位、多角度传达入党积极分子的培养标准，推动积极分子认定和培养工作有序开展，提升医预党建工作水平，医预办把党建活动阵地的完善视为加强基层党组织建设的关键一环。着重对党建活动室进行了精致化、功能化的改造，使其不仅成为各班级开展入党推优、理论学习等思想引领性活动的主要场所，同时也成为辅导员与积极分子进行谈心谈话的核心场域。

在学生社区，医预办的一线辅导员每周能保证不少于三次全方位、多角度地深入学生群体，引领思想潮流、倾听学生诉求，并结合自身日常生活中对学生的接触和了解，有针对性地为学生提供指导性建议。同时，辅导员和培养人的双重身份，也为他们提供了将深度辅导和与积极分子谈话工作相互融合、相互促进的机会。自2021年8月以来，辅导员下沉社区，累计与学生进行了近 600 人次谈话，使积极分子培养工作更加高效、更具温情、贴近学生心灵。

3. 育人方面

（1）美育教育进宿舍

2021 年，医预办带领 2021 级新生积极筹备爱乐传习项目暨纪念"一二·九"运动 86 周年师生歌会。全年级三百余名大一新生参与其中，组建包含声乐、舞台、宣传、视频、后勤、综合六个职能组的庞大队伍，同学们利用课余时间，分成若干小组、自发走进社区活动室，认真完成了 22 次排练。每一次排练的全身心投入，促使医学预科学子在回顾历史中感悟前辈之精神，于爱国主义教育中激发青年学子踔厉奋发的激情，并在编排创意中凝聚起强大的精神力量。最终，医学预科代表队以原创曲目《满江红·百年梦》蝉联甲组特等奖并荣获最佳原创音乐奖。同时，2021 年恰逢建党百年，来自各专业的大一新生通过一次次对音乐和舞台的打磨，在排练中相识相知，在学生工作中勠力同心，在丰收佳绩时荣耀与共，这不仅达到了美育育人的目的，更将爱国主义、集体主义的教育意义融会贯通，于无声处引领学生理解"一二·九"精神，激发了新生学子的爱国情怀。将以学生社区为载体的北大新生的爱国主义教育，更好地融入宿舍思想政治教育和美育教育之中。

（2）党史学习教育"常为新"

2022 年 3 月，中国共产党正昂首阔步地迈向新的征程，满怀爱国情怀的医学预科学子，在医预办的组织下，积极筹备并举办"心怀千秋家国梦，共绎百代少年心"红色经典剧目复刻大赛。同学们以新颖的舞台剧方式，展示了一学期以来党史学习教育的阶段性成果。此次活动受到全年级学生的广泛关注，来自不同专业班级的近百人自发组队，挑选经典剧目片段，撰写剧本，并在学生社区党建活动室、多功能厅、舞蹈排练室等场所进行了数十次的认真排练，最终评选出十支队伍进入决赛。他们以精湛的演技彼此切磋，以细腻的情感相互比拼，充分展现出优秀北大医学青年的昂扬风貌。本次活动不仅以广大学生喜闻乐见的形式，将党史学习教育和美育教育完美融合，而且达到了兼顾学生兴趣和党建思政引领的双赢效果，这些都离不开"一站式"学生社区管理的育人资源和育人功能，体现着社区思政的育人力量。

（3）职业精神启蒙教育早入心

医学预科教育是北大医学实施高质量、精英教育的起点，医预办自设立以来始终将有效推进医学生"三早"教育与医学生职业精神启蒙教育作为工作重点。在学生社区，每周一次的医学人文素质观影活动、医学职业精神启蒙教育书库的建立及开放借阅，以及每月一次的"医预茶吧"系列教育活动，都在潜移默化中引领学生树立积极的职业观、价值观，增强职业认同感，是培养医学职业精神、提升医学职业素养的重要工作举措。为了更好地利用社区学生活动空间，开展享誉校内的品牌素质教育活动——"医预茶吧"，医预办于2020年春季启动了"医预茶吧"活动室的装修改造工程。此次改造旨在使活动室的布局与家具摆设更加契合茶吧活动的内容：古香古色的装饰风格，沁人心脾的油墨书香，浓香四溢的茗茶香气，舒缓悠扬的琴音，无形中拉近了茶吧主讲人和学生之间的距离。此举为新生医学职业精神的启蒙和医学人文素养的初步培养发挥了积极的引领作用。截至目前，医预办已聘请了11位北京大学专家学者作为医学新生职业精神启蒙导师，举办了近50场"医预茶吧"线下活动。启蒙导师下沉社区，通过积极而正向的引导，增强了医学新生对医学、人文和医生职业精神的理解与认同。未来，医预办将继续拓宽导师库资源，为医学新生职业精神启蒙营造更浓郁的氛围，助力他们在聆听医学前辈经历中汲取精神养料，在修身养性的同时实现成长。

（4）平安校园保障

北京大学 44 号宿舍楼自 2021 年秋季学期以来，容纳医学预科学生总数为 616 人，其中男生 406，女生 210 人，分布在 5 个专业、19 个行政班级中。在医预办、校本部学生公寓管理中心 44 号楼管组、医学预科学生楼委会和各班级学生骨干的共同努力下，北京大学启动了"一站式"学生社区管理试点工作。自试点工作启动以来，凭借强大的管理合力的助力，44 号宿舍楼的社区管理工作在维护校园宿舍安全稳定、学生社区消防安全、学生日常管理、宿舍思政教育和第二课堂活动的开展等方面均取得了一定的成果。

① 启动辅导员驻楼机制，深入社区开展宿舍思政工作。

医预办积极响应北京大学设立的辅导员驻楼制度，选派了两名年轻辅导员入驻 44 号宿舍楼，担任驻楼辅导员，与学生同住、同行、同成长。辅导员驻楼制度实施以来，他们每周走访宿舍至少 15 间，每个月访谈学生至少 35 位，在新生中起到了非常好的陪伴和引领作用，小到衣食住行、恋爱交友，大到学业和职业生涯规划，驻楼辅导员均发挥了积极引导作用。期待即将建成的 44 号宿舍楼辅导员工作室，为辅导员驻楼工作的深入开展提供更有力的场域支持。

② 多维度、全方位扎实开展宿舍安全教育。

学生社区（宿舍）是同学们结束一天紧张的课堂学习后最为适合放松的公共场域，44 号宿舍楼为男女生混住楼宇，医预办结合多年的学生工作管理经验，针对以往工作中的痛点、难点和不足进行了总结。自启动 44 号宿舍楼"一站式"学生社区管理工作以来，北京大学在学生社区日常管理和安全教育等方面持续优化工作方法、创新工作形式，依托学生骨干、楼管组、医预办、公寓中心等多部门力量，不仅每月定期组织开展宿舍卫生和安全检查，还组织学生志愿者进宿舍开展垃圾分类宣传和张贴垃圾分类宣传标语等志愿服务活动；同时，每学期至少组织 1 次消防安全教育和防范电信诈骗教育。通过将学生社区安全教育与学生第二课堂活动相结合，使学生在接受安全教育的同时，提升集体归属感和凝聚力，引导学生共建美丽社区环境、共享温馨友爱的氛围，从而有效促进医学新生身心健康发展，确保校园内学生社区的平安与稳定。

（二）西安交通大学书院制模式

西安交通大学以书院制为基础，实施覆盖全体本科生的学生社区实体化建设，着重解决将党建和思政全程融入的问题。西安交通大学将 9 个书院全部纳入试点，凝聚党建、教学、学工、管理、服务等共 29 个部门合力，制定"工作责任清单"和"单位责任清单"，构建了党团组织、思想引领、学生发展、生活服务、国际合作等全方位的十大工作体系。学校专门成立党组织负责统筹 9 个学生社区的党建工作；设立本科生院作为各部门统筹协调的管理中枢；组建党政干部、辅导员、班主任、学业导师、朋辈导师、校外导师等多元化的育人队伍，并搭建"思政论坛""大学生思想教育与实践研究中心"等工作平台；营造以"西迁"精神为底色的社区文化氛围，大力弘扬爱国主义、集体主义、英雄主义、乐观主义精神。

学生社区建设重点围绕以下四个领域：一是构建以温馨便捷服务为导向的学习生活服务体系，二是完善以学业进步为导向的学生学业辅导体系，三是实施以学生个性发展为导向的大学生综合能力提升计划，四是搭建以培养社会责任感为导向的学生自我治理平台。并在此基础上，形成了"双院"协同育人机制、知心工程、"四个一百"育人行动、大数据分析与学生事务服务平台建设等四个品牌。

（三）浙江大学学生社区实体化模式

浙江大学以大一学生为对象，聚焦低年级本科学生社区实体化建设，重点关注低高年级衔接、社区和院系联动等问题，探索全面实现党建网格化管理，建成"党委—党支部—党小组—党章学习小组—责任寝室"工作链条，在新生入学、军训等"关键期"通过理想信念宣讲等方式突出党建思想引领——筑实党建引领"主渠道"。

完善社区学生工作指导委员会组织架构，启用"专业院系服务厅"，有效打破学生跨校区办事时空限制——形成管理协同"向心力"。

落实校领导深入基层担任"新生之友"工作，联动专业教师、党政部门力量，配备充足的专兼职辅导员，以及选拔优秀的班主任和学长导师，形成"点—线—面"相结合的全天候育人团队体系——发挥队伍进驻"软实力"。

在持续优化硬件设施的基础上，结合学生面向未来的发展需求，有针对性地提供学业职业指导——实现服务下沉"全方位"。

将家国情怀、感恩教育、劳动教育等育人元素融入学生日常生活，开展专业博览会、实验室开放日等活动，充分利用电子彩屏、新媒体平台传播阵地，扩大学生思想引领的辐射效应——传递文化浸润"正能量"。

成立学生党员素质发展中心、学生自我管理委员会等服务型学生组织，启动大学生素质训练项目和综合素质平台训练项目，建立高年级学长传帮带"教练营"制度，着力全面提升新生自我管理的能力——突出自我治理"主体性"。

（四）厦门大学嵌入式学生社区模式

厦门大学"一站式"学生社区服务以党建为龙头，依托功能型党支部嵌入学生社区，致力于通过建立实体机构来统筹社区建设，提升资源整合效率。秉持党建先行的原则，该校创新优化了学生社区基层党支部的设置，通过整合基层组织党员资源，成立了学生社区功能型党支部，不断深化基层党组织资源的再分配、再整合与再优化，更好地让党建工作融入学生社区。

在此基础上，厦门大学进一步完善党建工作的硬件设施，设立党团活动室，增设党建图书角，打造党建文化墙，设立党员先锋岗。同时，依托公寓宣传栏、公寓微信公众号等平台，开展党建宣传，营造浓厚的党建氛围。充分发挥功能型党支部"小型、灵活、多样"的优势，坚持文化育人和历史育人相结合，深挖楼栋所在社区的历史底蕴，讲好社区故事，打造楼廊文化，举办特色活动。厦门大学将社区的安全卫生工作与劳动教育有机结合，通过设立党支部卫生责任区、签署入住承诺书、组织安全卫生检查、开展志愿服务、设置劳动指导员等措施和方式，引导学生身体力行参与社区保洁、绿化等劳动，践行垃圾分类新风尚，培养学生的劳动观念和奋斗精神，提升学生的自我管理能力。此外，厦门大学还制定了学生社区工作考评体系和评分标准，极大地提高了各方参与社区建设的积极性。

三、国内高校"一站式"学生社区综合育人的思考与展望

国内高校"一站式"学生社区不仅要在社区环境建设中融入党建文化，

还需要进一步提升"共建、共治、共享"的党建理念，真正把党的领导落实到学生内心，充分发挥党的组织优势和"雁阵"般的领航作用。但是，大多数情况下，学生仍然处于被管理的角色，很少参与到"一站式"学生社区的建设和管理工作中，尚未能以"主人翁"的身份主动参与，其参与度亟待提升。

高校"一站式"学生社区建设与服务的终极目标是育人，旨在为国家培养德智体美劳全面发展的高素质人才。在整个建设过程中，以"以生为本"的理念应被一以贯之，确保学生的主体地位，从满足学生个性化生活和发展需求出发，调动大学生参与"一站式"学生社区综合管理，以服务促管理。此外，建设"一站式"学生社区应主动打破部门之间的管理壁垒，既要保障各个部门管理与服务的权利，又要明确部门之间的信息共享与沟通机制，促进协同合作。同时，"一站式"学生社区可以充分借助网络资源，搭建社区信息化平台，提高学生社区管理效率，真正做到线上与线下管理服务的协同性与一致性，为高校学生提供高效、便捷、贴心的服务。

第二章

院系心理育人立体化平台搭建

第二章
院系心理育人立体化平台搭建

2017年,教育部《高校思想政治工作质量提升工程实施纲要》明确将心理育人纳入"十大育人体系"。2018年,教育部《高等学校学生心理健康教育指导纲要》中提到,心理健康教育是提高大学生心理素质、促进其身心健康和谐发展的教育,是高校人才培养体系的重要组成部分,也是高校思想政治工作的重要内容。党的二十大报告中也指出,要"重视心理健康和精神卫生"。开展心理健康教育,应当坚持育心与育德相统一,加强人文关怀和心理疏导,规范发展心理健康教育与咨询服务,更好地适应和满足学生心理健康教育服务需求,引导学生正确认识义和利、群和己、成和败、得和失,培育学生自尊自信、理性平和、积极向上的健康心态,促进学生心理健康素质、思想道德素质与科学文化素质协调发展。

对于心理健康教育的大方向,北京市各个高校根据自己的特点总结出很多思路。比如,北京师范大学提出"打造五维朋辈互助体系",以此提升大学生心理健康教育的实效性;"人大模式"则是中国人民大学将通识教育、朋辈互助与精细化服务三合一的模式;北京航空航天大学以积极心理健康为借鉴,实施高校积极心理健康教育模式;北京交通大学则以"点面结合,咨教相宜"的方式,构建大学生心理健康教育实效新模式。

可见心理健康教育的范围广泛,既可以是具备相当专业性的心理咨询与治疗实践活动,又可以是包含了心理健康教育色彩的娱乐、体育等活动。因此,高校辅导员在设计心理健康教育活动的过程中可以充分打开思维限制,在当代学生喜闻乐见的各种活动中融入心理健康教育。

院系辅导员在开展心理健康教育活动时,可以灵活运用"心理+"这一理念。所谓"心理+"是借用了"互联网+"思维的概念。利用"心理+"思维,推动心理健康教育形式不断地发生演变,为宣传、实践、改革、创新心理健康教育提供广阔的平台。通俗地说,"心理+"就是"心理健康教育活动+各学科、各个类型活动",但这并不是简单的两者相加,而是将心理健康教育的内核与其他活动进行深度融合,创造新的心理健康教育形式。它代表一种新的学生活动,即充分发挥心理健康教育在大学生重要发展阶段的动力和集成作用,将心理健康教育的创新成果深度融合于各种类型活动中,提升心理健康教育的创新力和影响力,形成更广泛的以心理健康教育为内核的学生活动新形态。

如此一来,心理健康教育还可以有深度地与党、团活动相结合,同时发挥院系党群组织优势,构建大学生思想引领平台。2020年,教育部《关于印发〈高等学校课程思政建设指导纲要〉的通知》中提到,思想政治工作必须与高校各项工作结合起来,必须融入高校教书育人全过程。因此利用"心理+"思政的创新形式,可以打造新的实践育人模式。

院系可依托每年的"5·25 大学生心理健康节"、心理健康宣传月等活动,组织学生参加心理漫画、心理演讲、心理三行情书等多种艺术设计形式的作品征集比赛,并将优秀心理设计作品整合和编排后进行分享和宣传。依托班级和党团支部开展共同绘画、视频心理故事等心理主题特色活动,鼓励大学生积极面对学习和生活,树立心理健康自我意识。举办形式多样的主题心理活动,紧扣大学生成长中的实际,能够有效吸引大学生主动参与、积极关注相关活动。通过举办这些具有心理健康宣传内涵的活动,帮助学生树立正确世界观、人生观、价值观。

第一节 线下心理健康教育活动的设计与实施

一、"心理健康活动定制"——常见心理健康教育活动

"心理健康活动定制"是在服务基层的背景下,借助学校心理中心的专业优势,结合大学生对心理健康教育的需求,由院系主办的一系列创新

心理健康教育活动。这类心理健康教育活动与一般学生活动的不同之处，在于其目标是提升学生心理健康水平、促进学生个人成长、完善学生人格塑造。

面向学生的心理健康活动定制的形式以团体辅导和特色讲座为主。通过这一心理健康特色活动平台的搭建，不仅丰富了心理健康教育的表现形式，还拓展了心理健康教育的实施渠道，提升了心理健康教育的受众覆盖面。以北京大学为例，仅在2021年，累计的定制活动次数就超过了百次，参与学生达到5000人次，成功实现了对所有院系的覆盖。

学生心理健康活动定制的主题广泛而丰富，常见的包括：压力管理、时间管理、人际关系与沟通、积极心理学、自我探索、生命教育、恋爱观、原生家庭与自我成长、生涯发展规划等。这些主题经过精心设计与反复打磨，学生参与度较高，且反馈积极。各高校可以根据自身实际情况，探索适合各自学校特色的活动主题，以满足学生多样化的心理健康需求。

活动初期，院系方面首先深入调研学生们的心理健康需求，随后与学校心理中心紧密合作，共同制定"活动定制"的初步菜单，随着活动定制逐步增加与深入，这份菜单会历经持续完善与稳定的过程，最终形成具有学校特色的"活动定制"菜单。同时，辅导员通过参与相关培训和实践，也能够有效掌握团队辅导的技巧与方法，进而带领学生进行团体辅导活动。这样既能提高学生的心理健康水平，又能促进辅导员个人的成长。

学生心理健康活动定制在实施的过程中，除了可以依据既定主题进行定制外，还可以结合学校日程中的一些特定的时间段，比如开学季或者毕业季，有针对性地推出如新生入学破冰团体、毕业生告别团体等主题活动。同时，定制活动亦可以针对不同年级开展，如大三就业探索团体、研究生科研生活适应团体等，以更好地满足不同阶段学生的心理发展需求。

有校园调查结果显示，北京高校辅导员已经成为"对学生思想言行和成长影响最大"的教师群体。作为院系育人工作的主力——辅导员，他们自身的心理健康水平，直接影响他们在育人工作中的表现与效果。因此，为辅导员开展的心理健康活动也是"心理健康活动定制"的一部分。面向辅导员、研究生导师的活动形式除了团体辅导与讲座外，还可以融入心理健康相关培训以及院系心理问题学生工作会商机制。辅导员定期参加这些健康教育活动，不仅可以提升自身心理健康水平，而且可以推动他们进行自我关怀，进而促进他们对心理健康状况的关注，间接促进学生们的心理健康发展。

心理健康相关知识与技能是辅导员在院系育人工作中的必备工具。根据各高校的具体情况，"心理健康活动定制"中可以包括这一重要主题。比如，可以设计心理问题识别与预防、深度辅导中的沟通技巧、团体辅导专业技能提升等主题活动。这些活动旨在帮助辅导员掌握更多实用工具，从而更好地开展学生工作，进而服务于学生的心理健康。

二、团体辅导

（一）团体辅导在心理健康教育（育人工作）中的优势

团体辅导不同于团体咨询和团体治疗，它更侧重于促进普通个体的健康发展。鉴于多数高校学生普遍会遇到发展性问题的现状，团体辅导的优势恰恰在于其能够辅助大学生应对成长过程中的挑战。团体辅导在心理健康教育（育人工作）中的长处和优势主要表现在以下几个方面。

1. 团体辅导影响广泛而深刻

团体辅导中常常是多向交通的，除了团体领导者外，团体中的每个成员既能接受其他成员的帮助，也能对其他成员提供帮助，从而在一定程度上减轻了领导者的负担。成员间丰富多样的观点常常能够促进思考，通过理解他人，不仅增强了个人的自我觉察能力，还有助于构建良好的人际关系。团体宛如一个微缩的社会实验室，成员通过在团体中的学习和成长，能够将这些经验更好地应用到他们的日常生活中，促进个人全面发展。

2. 团体辅导效率高

相比于深度访谈，团体辅导通常"一对多"，参与者的人数没有限制，上至百人下至三五人，都可以进行。此种方法灵活方便，省时省力，能很好地提升心理健康教育的效率。

3. 团体辅导易与其他活动结合

团体辅导的形式很容易与其他各种活动结合，比如班会、培训等，辅导员灵活使用团体辅导中的各种小活动，能够使原本枯燥的活动变得有趣而吸引人。

（二）团体辅导在心理健康教育（育人工作）中的功能

1. 教育功能

团体辅导的教育功能之所以对大学生有效，是因为它与学校情境中的教育经验是一致的。通过团体辅导话题（如新生适应、学业适应、死亡教育、哀伤处理、恋爱教育等）的设计，来提升成员对某一生活问题的意识，并在辅导过程中为他们提供处理这一问题的工具和方法，丰富应对策略，从而促进大学生的心理适应与成长。例如，设立学业压力应对团体和情绪调节团体等，都是为了帮助大学生解决常见的问题，助力其全面发展。

除了团体带领者的传授外，成员还能在团体的氛围中相互学习、分享经验，模仿某些策略或产生新的行为模式，从而发展认知、情感和行为技能。此外，团体辅导也为个人自我探索提供了空间。在团体辅导的学习过程中，成员能够更加深入地了解自我，增强对生活的掌控感，进而在生活中作出必要的调整，从而对自己人生承担起更多的责任感。

2. 发展功能

团体辅导工作主要包括传授、讨论和整合事实性的信息。通过实施计划并培养相关技能，我们的目标是帮助团体成员吸收新的知识，以应对发展中可能遇到的各种议题。团体辅导是满足那些对情感和社会发展感兴趣的学生需求的重要途径。对于那些正在经历发展议题，但仍保持心理健康的大学生而言，团体辅导通过创设的情景，能够助力他们处理情感困扰、优化人际关系、明确职业选择、制订学习计划并缓解孤独感等诸多问题，进而促进他们人格的完善，保持心理的健康。此外，团体内的自由表达和倾听他人的良好沟通方式，不仅有利于促进成员间的相互协作，还能帮助成员学会在团体情境之外如何构建自身的支持系统。

3. 预防功能

团体辅导的预防功能主要体现在帮助大学生了解大学生活的节奏，以及在重要节点可能遭遇的心理困扰与挑战上。引导大学生更理性地看待自身的发展和遇到的问题，通过团体内的讨论、分享与探索，促进问题识别能力的提升，并构建有效的应对策略，从而减少心理问题发生的可能性。

团体辅导也是一个窗口，可以通过观察学生在团体中的表现，帮助辅导员及时发现可能正面临发展困扰的学生，甚至是存在心理问题的学生。对于这类学生，团体辅导可以引导他们意识到自身需求，并支持他们寻求更专业的帮助。

（三）团体辅导在学生工作中的应用场景

1. 思想政治教育

思想政治教育是高校学生工作的根本，旨在立德树人。将团体辅导与思想政治课教学实践以及党、团建设相结合，是有效提升高校思政育人质量的重要途径之一。采用团体辅导的方式，可以将富有趣味性的团体活动与思想政治教育的各种主题相结合，从而吸引学生兴趣，提升学生的参与度和主动性。在互动中，学生得以反思；在体验中，学生得以学习。此外，借助团体辅导问题设计的讨论环节，可以引导学生积极参与讨论，促进学生的思想碰撞，从而加深他们对于相关思政主题的理解。

2. 班级工作

班级工作可以借助团体辅导的技术形式，将班会、班级建设等主题融入其中。例如，针对新生入学后的适应问题，可以通过班级团体辅导促进学生之间相互认识，加深彼此了解，进而建立起良好的支持关系；而在毕业季，则可以通过团体辅导促进学生之间相互交流，分享就业、升学信息，共同应对毕业带来的压力。充分利用班级团体活动，不仅可以激发学生的参与热情，而且可以促进同学之间的有效表达和相互沟通，从而增强班级凝聚力。

3. 宿舍关系

宿舍关系的好坏直接影响大学生的校园生活质量，因为宿舍是大学生主要的生活、学习和休闲空间。宿舍矛盾也是辅导员经常面临的挑战之一。团体辅导可以帮助同宿舍的同学增进相互理解，加强宿舍的凝聚力，共同构建宿舍文化，并增加对宿舍和舍友的认同感，从而预防潜在矛盾的发生。即便出现宿舍纠纷，采用团体辅导的方式促进同学们相互沟通、化解问题，也是改善宿舍关系的有效途径。

4. 学生干部培训

学生干部是院系辅导员的得力助手，也是学生工作中的骨干。采用团体辅导的方式，不仅可以帮助学生干部迅速熟悉工作内容，还能增进他们之间的深入交流，培养合作意识，从而有助于学生干部更好地完成自身职责，完成角色使命。通过领导力培养等内容的团体辅导的训练，可以帮助学生干部提升自我觉察力，发现自己在沟通、管理、协调等方面的优势及不足，进而实现有针对性的自我提升。此外，团体辅导还可以加强学生干部之间工作关系以外的联系，从而增强相互之间的支持与理解。

5. 生涯发展辅导

采用团体辅导的方式，针对处于特定生涯发展阶段的学生，帮助他们补充在某一领域所缺乏的信息，可以有效促进学生探索自身能力，了解自身优、缺点及兴趣所在，进而确定可能的职业发展方向。这类团体辅导侧重于分享知识和信息，为成员提供了练习社会技能的机会，比如提升表达沟通技巧，使其掌握某些职业发展所需技能。此外，团体辅导创设的安全环境让同学们可以减少挫折感，获得积极反馈，部分练习还能增强学生自信心，提升他们适应社会的能力。

6. 心理健康教育

团体辅导可以预防一系列教育缺失和心理问题。通过团体辅导的心理健康教育，帮助学生了解相关心理健康知识；通过设计团体辅导主题，可以应对学生日常面临的心理困扰,如学业管理难题、人际关系困扰以及压力应对挑战等;通过团体辅导不同的形式,也可以对突发事件下的学生应激反应进行干预,如通过哀伤团体辅导形式,对学生的应激反应进行专业干预。团体辅导不仅可以帮助面临困扰的学生建立特别的人际支持网络,还可以促使他们学会拓展个人资源,从而全面提升心理健康水平。

(四)团体辅导示例

1. 心理健康教育团体辅导案例:"焦虑的你"情绪应对团体

团体活动日期:待定　**计划次数**:1　**计划时长**:90～120分钟
团体名称:"焦虑的你"
团体对象:具有焦虑情绪困扰的学生,请着宽松舒适衣物参与
团体性质:结构式单次团体
团体计划规模:4～8人
团体目标:带领团队成员了解焦虑情绪相关健康知识,并且学习一些基本情绪调节策略和情绪放松技巧。
具体目标:

> 介绍团体成员以及团体带领者,通过破冰活动促使团队成员结识并初步了解,创设开放安全友好的讨论氛围,促进成员间的互动。

> 为团体成员提供宣泄焦虑情绪的平台与空间,缓解焦虑引发的痛苦、不适等情绪问题。

> 带领团队成员了解焦虑、压力相关健康知识,为成员介绍焦虑问题的解决方法。

> 带领成员共同体验冥想、正念等形式的放松,并交流体验感悟。

团体活动具体安排：

① 介绍本次团体活动的相关信息情况，团体领导者进行自我介绍，简要确立团体活动中的规则（如保密等）。3~5分钟

② 成员间轮流进行自我介绍以及对团体活动的期望（可以从学习健康生活方式/改善目前的焦虑问题等方面进行讨论）。每位成员30秒至1分钟，总计约5分钟

比如可以用"大家好，我是……来自……今天我想探讨……/我希望在这次团体活动中学习……/我想要改变……"等语式。

③ 创造开放安全的环境，了解成员的焦虑情况，邀请成员互相交流面对焦虑困扰的情绪感受。10分钟

可以讨论的话题：

➤ 自己的焦虑情绪是什么样的？具体表现是什么？
➤ 你觉得对现在的生活情况满意/有困扰吗？如果要改变的话，你想改变什么地方？
➤ 如果可能的话，你理想的情绪状态是什么样的？
➤ 感到焦虑时你会联想到什么？/你有什么感受？

④ 鼓励成员，结合自身情况，探讨焦虑困扰产生的原因，并给予成员开放讨论以及互相支持的空间。10分钟

⑤ 结合成员的讨论，针对焦虑情绪进行心理健康教育。10分钟

顺序如下：

➤ 焦虑情绪的定义以及不同程度的焦虑的区分。
➤ 产生焦虑情绪的原因。
➤ 如何缓解焦虑，焦虑与身体感受的联系等。

⑥ 探讨焦虑问题的解决方法，邀请成员就改善焦虑困扰分享个人经验，肯定成员的努力，并和组员共同探讨焦虑调节技巧。约10分钟

可以讨论的话题：

➤ 当自己感到焦虑时，生活工作是如何被影响的？

- 自己很焦虑的时候，是怎么处理的？
- 有没有什么办法让自己可以暂时不受焦虑情绪影响？
- 从长期计划来讲，如何做到让自己减少焦虑？

⑦ 结合成员的讨论，针对焦虑的干预策略进行心理健康教育。<u>10分钟</u>

焦虑干预策略的内容：
- 焦虑的认知—行动策略，如开始做、降低期待、分割整体等。
- 焦虑的身体感觉调整（重点介绍放松练习）。
- 从心理/生理/社会的专业角度看待焦虑的调节。

⑧ 结合实际情况，鼓励成员间就焦虑干预策略进行可行性的探讨以及沟通，并且结合自身实际情况进行调整。<u>5～10分钟</u>

比如可以询问在了解这些策略后，你觉得哪种/哪些方式更适合你在自己的生活中应用？

⑨ 结合音乐体验冥想、正念放松。<u>10分钟</u>

⑩ 邀请成员就放松期间产生的感受进行讨论，并教授以及鼓励放松训练在生活中的应用，推荐冥想、正念放松资源。<u>10分钟</u>

可以讨论的话题：
- 听到冥想的音乐，你的脑海里浮现什么样的画面？
- 听到这个音乐，你会有什么样的感受？
- 在放松的时候，有没有想法让你感觉很舒服？
- 针对这个放松体验，有没有你觉得不舒服或者需要更个性化的可以改进的地方？

⑪ 收尾。轮流邀请成员简单评价/描述在团体中的感受，所得和遗憾等（1分钟/人）。结合团体成员的分享内容以及焦虑这一议题，团体领导者进行总结，肯定成员的参与和付出，感谢成员的配合并结束团体活动。<u>10分钟</u>

宣传语： 奔波的你是否为繁重的学业着急发愁？深夜的你是否因为焦虑辗转难眠？快来加入缓解焦虑团体吧！来放松一下，认识和你有相同困扰的同学。在这里，你可以了解到应对焦虑的相关知识，学会缓解焦虑困扰的小技巧。

2. 学生工作团体辅导案例：学业减压团体辅导

团体活动日期： 待定　　**计划次数：** 1　　**计划时长：** 90～120 分钟

团体名称： 学业减压团体主题活动

团体对象： 具有学业压力的在校学生（年级差距不要太大）

团体性质： 结构式体验性团体

团体计划规模： 6～10 人

团体目标： 带领团队成员相互探索一些基本情绪调节策略和情绪放松技巧，分享可行的学业技巧。

具体目标：

介绍团体成员以及团体带领者，通过破冰活动促使团队成员结识并初步了解彼此，创设开放安全友好的讨论氛围，促进成员间的互动。

为团体成员营造宣泄学业压力的氛围，缓解学业引发的焦虑等情绪问题。

团体活动具体安排：

① 介绍本次团体活动的相关信息情况，团体领导者进行自我介绍，简要确立团体活动中的规则（如保密等）。3～5 分钟

② 成员间轮流进行自我介绍以及对团体活动的期望。每位成员 30 秒至 1 分钟，总计约 5 分钟

③ 使用社会测量。了解成员的学业情况以及学业困扰的情绪感受，增加成员相互联结（注：引导语中强调，测量的目的是增加对自己的了解，而非相互比较）。10 分钟

可以测量的话题：

➢ 学业压力的程度如何？

➢ 是哪一类学业压力？如课业、科研等。

④ 相似圈。全体成员围一圈，由一个发问者首先提问：我想知道有没有和我一样××××，请向前一步。至少进行三轮，每轮确保每个成员都有发问。第一轮可以由带领者先发问（示范作用），前两轮可以顺序轮流发问，第三轮开始随意发问。增加成员间的相互了解，为后面活动进行铺垫。15分钟

⑤ 自由分享，结合成员自身情况，给予成员开放讨论以及互相支持的空间。10分钟

⑥ 我的压力圈，让成员填写"我的压力圈图"，梳理当前的压力源。每人分享3分钟，重点分享自己目前承受的主要压力来源有哪些？这些压力源哪些是近期的，哪些是长期的，哪些是较大的，哪些是较小的？这些压力带给自己怎样的感受和影响？（负面的或正面的影响，影响的程度如何？如果是负面的影响，是否已经有了躯体化的表现）。15分钟

⑦ 压力应对图。在A4纸上画出相应主题的图画。
➢ 我当前面对的最大的压力困扰。
➢ 我面对这个困扰时候的样子（状态等）。
➢ 如果这个困扰被解决或者不再困扰我，生活会是什么样子。
➢ 面对这个困扰，我可以采取怎样的行动？约10分钟

⑧ 分享讨论。讨论各自的画作，关注其中最让自己有感受、情绪的一幅画，最后分享解决办法（领导者在这里要有一定的总结和赋能）。约15分钟

⑨ 回顾本次活动内容，宣传自我探索的意义，提供求助的渠道等。10分钟

宣传语：拖延、没目标、压力大……学业路上常常痛苦。内卷、朋辈压力、实验受阻……科研路上倍感受阻。来这里参加一些小活动，结交几位小伙伴。在相对安全的环境里一起说说烦恼，讨论一下可以做些什么才能走出当下的困境。你甚至可以在这里找到相互督促的同伴。

第二节　特色心理育人活动示例

一、示例一：传统心理健康教育活动——心理情景剧

　　心理情景剧的原初形式为心理剧，心理剧由精神病理学家莫雷诺于1921年提出。心理剧传入我国后，逐渐在高校校园中出现，并渐渐演变成为心理情景剧，还成为众多中国高校心理育人活动的重要抓手。

　　心理情景剧不仅需要心理学的专业基础知识以理解相应的心理问题，还需要技术化和艺术化的表达技巧。一般情况下，心理情景剧的表演者通过生动演绎再现日常生活中具有代表性的情景，将大学生常见的心理冲突、情绪问题等情景用丰富多彩的表现形式呈现在舞台上，重现成长中经常遇到的难题。观众在欣赏表演的同时，可以获得独特的观看体验，进而引发相应的思考和启发。心理情景剧娱乐性强、易于唤起大学生的参与热情，因此往往能起到很好的宣传心理健康知识的效果。此外，心理情景剧是实施朋辈心理辅导的重要载体，同时也是校园心理文化建设的重要内容。心理情景剧用学生喜闻乐见的情景剧形式，将德育与美育相结合，打造轻松、活泼、融于生活的校园心理文化，真正实现"全员育心、全心育人"的工作格局。

　　基于心理情景剧的独特优势，中国心理学会、全国高校心理健康教育工作委员会成立了专门工作组，每年会由全国各高校的心理健康中心承办全国性的大学生心理情景剧比赛。因此，院系方面可以通过举办心理情景剧大赛，推动大学生心理健康服务工作，通过演绎学生日常生活中的情景来完善大学生心理危机干预的四级机制。

心理情景剧大赛 | "戏精"竟是我自己？！最暖心舞台邀请你做"剧中人"

宣传语：或许，你曾向往舞台上的聚光灯，期待它将你照亮；或许，你对心理学有强烈的兴趣，却不知道如何用好它去助人助己；或许，你曾受优秀心理情景剧的触动，希望能够加入进来……无论是哪一种情况，这个舞台都在期待你的到来！

Q：什么是校园心理情景剧呢？

A：心理情景剧是通过团体成员演绎日常生活心理问题情景中的角色，再现现实中的人与事，表演生活中的复杂矛盾和心理困惑，展现成长中遇到的冲突、困惑、烦恼的一种舞台表演形式，致力于为观众提供一种发现及解决心理问题的思维方式。

校园心理情景剧的剧本通常就源自大学生真实的生活，大学生们可以在观看的同时共同讨论存在于我们身边的各类问题，引出各种不同的立场，尝试思考出可行的解决方法。心理情景剧的表演中，表演者本人可以更好地体会到这些复杂的情绪，得到情绪的宣泄和心灵的治愈。

总的来说，演员在舞台上表演的心理情景剧，既是用舞台语言呈现出剧中人物心理变化的过程，又是引起观众共鸣、实现演员和观众共同成长的过程。

Q：参加心理情景剧大赛的收获有哪些？

A：（1）一个自由创作、公开表演的校级演出平台。

（2）一个与小伙伴们共同讨论心理情景剧的机会。

（3）一次通过心理情景剧认识自己、收获成长的难忘的经历。

（4）获奖者受颁校级证书+优厚的奖励：一等奖1名，二等奖2名，三等奖3名。

（5）更多隐藏福利。

有关此次比赛的说明：

（1）成员不限。

在校本科生、研究生均可自行组队参与（不能单人报名，需组队）。

（2）形式不限。

话剧、哑剧、音乐剧等一切能在舞台上表演的戏剧形式均可。

（3）创作要求。

原创或改编剧本均可，但改编剧本必须提供原创作者书面同意书（如若发现抄袭、盗用他人剧本或未征得创作人同意改编剧本等行为一律取消参赛资格）。

（4）演出规模精致。

演出人员4～10人，演出时间10～15分钟，灯光、道具等场务人员5～7人。

（5）预留创作时间宽裕。

4月1日　公布初赛名单

5月1日　初赛

5月25日　决赛

（6）报名方式及重要时间节点。

3月1日前　扫描下方二维码报名参赛。

3月20日前　将参赛剧本寄往邮箱×××（最终报名以提交剧本成功为准，命名方式：团队负责人姓名+剧本名）。

小提示：对于进入初赛的剧组，心理中心会安排专业老师进行剧本创作、舞台设置、表演形式的培训，无须额外担心。

二、示例二：特色"心理"+健康育人心理活动
——5·25 全国大学生心理健康日夜奔活动

"完全人格，首在体育"即在健体的基础上"育心"，这一理念由近代中国教育的先驱者与奠基人蔡元培先生率先提出。扎扎实实地提高学生体质健康水平，加强学校体育、增强学生体质是当前教育的主要任务之一。利用"心理+"的融合理念，将心理健康教育与体育教育有机结合，正是拓展心理健康教育活动新形式的一次积极尝试。

磨砺青春心向党，生有韧性心有光
——5·25 全国大学生心理健康日"奔向心辰大海"主题夜奔活动

5月，是属于青年的时节，万物生长、生机蓬勃的空气中洋溢着青春与活力。5·25 谐音"我爱我"，在这个充满爱与温暖的夜晚，PKUers 相约五四运动场，一起"奔向心辰大海"！

【拓展视频2-1】

2021年5月25日，北京大学学生心理健康教育与咨询中心举办了5·25 全国大学生心理健康日"奔向心辰大海"主题夜奔活动。此次活动呼吁青年关爱、了解、接纳自我，勇于探寻生命的深度与广度。同时，活动鼓励青年们在奔跑中释放青春激情、追逐青春梦想，以昂扬的奋斗姿态和饱满的精神状态，向中国共产党成立100周年献礼。

百年来，一代又一代共产党人在不懈奋斗中磨砺自我、绽放青春、追求理想。在此次活动中，我们希望同学们能够在歌声中与时代同频共振、在奔跑中展现青春朝气，希望同学们能够不忘初心、牢记使命、坚

定信念、接续奋斗。

活动当日 21 时许,在北京大学理教健身房操课教练以及驻楼辅导员的带领下,同学们在操场上完成了热身运动。

为增加夜奔活动的趣味性和互动性,活动设置了心理主题趣味投篮点、合影打卡点,并配备了温柔可爱的牛油果玩偶作为互动伙伴。同学们积极参与活动,不仅享受了运动的乐趣,还与现场牛油果玩偶进行了热情互动。

22 时许,活动圆满结束。同学们凭借夜奔轨迹记录在志愿者处领取了 5·25 全国大学生心理健康日主题夜奔活动的纪念品。

青春心向党、奋进新时代。5·25 全国大学生心理健康日"奔向心辰大海"主题夜奔活动,不仅是一次互动式的心理主题教育,还是一场沉浸式的爱国主义教育,持续激励青年学子珍惜青春时光、探寻生命意义,将自身成长融入祖国建设当中,在服务社会中实现人生价值(见图 2-1、图 2-2)。

图 2-1 "奔向心辰大海"主题夜奔活动(一)

图 2-2 "奔向心辰大海"主题夜奔活动（二）

后记：

　　磨砺青春心向党，生有韧性心有光

　　在夜色中奔跑，晶莹的汗珠是青春的注脚
　　在浩渺的苍穹下，我们是自己的小小英雄

　　　　我爱我——
　　爱那个跌跌撞撞勇往直前的自己
　　爱那个擦干泪水重展笑颜的自己
　　爱那个咬紧牙关不言放弃的自己

在激情奋斗中绽放青春光芒

在刻苦磨炼中健康成长进步

愿北大学子在未来的人生中

自尊自信，理性平和

爱得热烈，笑得自由

三、示例三：创新心理健康教育活动——心理沉浸剧本《P大模拟器》

为更好地开展全校学生心理健康教育工作，加强校园心理服务的针对性，增强心理服务的创新性，学生心理中心开创性地推出了首款由北京大学学生原创的心理沉浸剧本《P大模拟器》。

如今，我们在各领域都追求"沉浸式体验"，希望短暂逃离现实，身临其境地探索未知领域。心理沉浸式剧本体验，正是这样一种将桌游和剧本角色扮演相融合的创新演绎娱乐项目。剧本一般由学生自行创作，在精心打磨至成熟后，经过涵盖剧本使用技巧与主持人能力提升两大模块的培训，即可使用成型的剧本与道具，面向本院系学生开展剧本体验活动（见图2-3、图2-4）。

在心理沉浸剧本《P大模拟器》中，有在红楼时代的北大校园中寻找亢慕义斋神秘线索的情节（见图2-5），以及与西南联大时期名师大家的交错共鸣，参与者可以化身为照亮黑夜的炬火，发出振衰起敝的呼声。其中，参与者既能零距离地共情主人公的爱恨嗔痴，激发自己的情绪感受，亦能共同参与表演，并在一定程度上引导故事走向。暂时的忘我状态能帮助参与者放松身心，促进心理健康。在角色扮演过程中，思维、情感与表演三元素交融，使参与者在体验角色的同时，可以收获一段专属于参与者的心灵启发和自我成长。因其"重走大学路"的内容设定，《P大模拟器》尤其适合面向毕业生、新生等群体开展心理健康教育活动。自活动推出以来，同学们积极参与，反响热烈，取得了良好的心理育人效果。

图 2-3　心理沉浸剧本《P大模拟器》（一）

图 2-4　心理沉浸剧本《P大模拟器》（二）

图 2-5　北大红楼

第三节　院系新媒体矩阵平台搭建

新媒体矩阵是指能够接触到目标群体的新媒体渠道组合，也常被用来描述一个复杂的信息网络。它们通常包含许多不同形式的元素，如文本、图像、视频和音频。对于心理育人新媒体的内容创作者和运营者来说，了解如何使用媒体矩阵来组织信息是非常重要的，这样可以帮助学生在众多的信息中找到有价值的内容。新媒体矩阵有横向矩阵和纵向矩阵两种类型。横向矩阵是指发布方在全媒体平台的布局，包括自有App、网站和各类新媒体平台，比如微信、微博、抖音、快手以及小红书等。纵向矩阵主要是指发布方在某个媒体平台的布局。这些平台一般都是大平台，比如微信平台，可以布局公众号、视频号、小程序等。

《高等学校学生心理健康教育指导纲要》中明确指出,心理健康教育的主要任务之一就是开展宣传活动。通过举办心理健康教育月、5·25大学生心理健康节等形式多样的活动,组织各种有益于大学生身心健康的文体娱乐活动和心理素质拓展活动,旨在持续增强心理健康教育的吸引力和感染力。同时,应不断创新宣传方式,主动抢占网络心理健康教育新高地,建设好融思想性、知识性、趣味性、服务性于一体的心理健康教育网络平台、网页和新媒体平台,广泛利用门户网络平台、微信、微博、手机App等媒介,宣传心理健康知识,倡导健康生活方式,提高心理保健能力。此外,应充分发挥学生的主体作用,支持学生成立心理健康教育社团,组织开展心理健康教育活动,以此增长心理健康知识,提升心理调适能力,积极进行心理健康的自助互助。同时,强化家校协同育人机制,引导家长树立正确教育观念,以健康和谐的家庭环境影响学生,从而有效提升心理健康教育的实际效果。

一、微信公众号的设计思路

学校及院系应顺应时代的发展,持续推进官方网站和新媒体平台的建设,力求构建起心理健康教育的网络矩阵。北京大学学生心理健康教育与咨询中心打造了官方微信公众平台(见图2-6),与之一起亮相的,还有北京大学学生心理健康教育与咨询中心的卡通形象,这个卡通形象有着极易上口和记忆点的名字——牛油果。其绿色的外壳是对春天的向往和寄托,木质内核是对成才的渴望,同时也是know you的谐音。以此微信公众号为中心,北京大学学生心理健康教育与咨询中心建立起涵盖包括微信在内的主要社交媒体的传播矩阵,打造了立体化的新媒体平台,搭建起"心理+"思想政治工作新平台。

图 2-6　北京大学学生心理健康教育与咨询中心微信公众号界面

目前高校院系已经普遍建立起自己的微信公众号，用来宣传、发布院系信息。因此可以在已有的公众号中增加专门的心理育人板块，也可以在公众号的首页导航栏中增加相应选项，方便同学获得心理健康教育信息。院系还可以多转载学校心理中心的相关信息，增加心理中心和院系的联动，以此加强学生心理健康教育的宣传力度。

二、微信视频号的设计思路

微信是大学生中使用最多的即时通信工具，因此围绕微信而形成的新媒体纵向矩阵是普及程度很高的方式。除了微信公众号外，依托微信视频号的视频宣传也是目前非常有效的心理健康宣传渠道。

（一）短视频

短视频是当前互联网流行的内容传播方式，主要是在互联网新媒体平台传播，时长通常在 5 分钟以内。短视频尤其适合在移动状态和短时休闲状态下观看，是高频率推送视频内容的理想选择，时长可以从几秒到几分钟不等。内容丰富多彩，可以融合技能分享、幽默搞怪、社会热点、公益教育、创意宣传等不同领域。由于其内容较短，既可以单独成片，也可以成为系列栏目。不同于微电影和直播，短视频制作并没有像微电影一样具有特定的表达形式和团队配置要求，它具有生产流程简单、制作门槛低、参与性强等特点。同时，短视频又比直播更具有传播价值，其超短的制作周期和趣味化的内容降低了对制作者的专业要求。此外，随着短视频行业的发展，众多第三方软件为制作短视频提供了极大的便利。

【拓展视频 2-2】

【拓展视频 2-3】

【拓展视频 2-4】

【拓展视频 2-5】

【拓展视频 2-6】

（二）视频直播

微信公众号自身就能实现视频直播的功能。相比于短视频，线上直播更加适合进行完整内容的传播，比如心理健康教育的讲座、访谈、生活分享等各类主题。基于网络技术的不断提升，利用微信视频号进行直播的门槛很低，操作方便，最简单的情况下用一部手机即可完成直播。当然，如果追求高质量的直播效果，各院校也可以根据自身条件进行设备与技术上的升级。由于同属微信平台，目前微信视频号还提供直播预约功能，该功能可以和公众号联动，以方便观众获取直播

【拓展视频 2-7】

【拓展视频 2-8】

信息。对于已经预约了直播的观众，系统会在直播开始前发送提醒，方便他们及时观看。

慢直播是直播的一种形式。这种直播一般没有主持人，而是依靠一个监控摄像头进行。其特点在于事件的传播与发生实现同步，不带镜头快剪、后期编辑及音乐渲染等制作痕迹。虽然单位时间内，慢直播所传递的信息量不如常规直播大，但它却更加客观。当前，陪伴型慢直播尤为盛行。这类直播大多结构简单，节奏缓慢，通过单一镜头表达单一内容，循环往复，就像我们真实的生活缩影。它未必时时能提供新知识或强烈的感官刺激，却在一两个小时里给予了陪伴。以深夜慢直播为例，午夜时分人的生理和心理都容易处在一个比较低迷的状态，大学生们常常在这个时候感到"emo"。慢直播就给他们提供了一个时间上和心理空间上"在一起"的感觉，有助于抚平焦虑，缓解疲劳。

（三）特殊视频

1. 定格动画

定格动画是通过逐格拍摄对象并连续放映来创造动态效果的视频形式。它制作过程简单，几乎不需要什么专业技能。使用乐高玩具作为拍摄对象是一个方便的选择。乐高玩具可以随意搭建想要的角色、场景，方便讲述各种小故事。定格动画的后期与传统动画完全一样，把拍摄好的序列导入电脑，在软件内合并成视频片段，然后在时间线上调整速度。定格动画由于不需要真人出演，因此非常适合展现心理元素。

【拓展视频 2-9】

2. 帮助专注的白噪声

白噪声是一种在各频段上都功率一致的声学信号，属于随机噪声的一种，也就是一种听起来很均匀、不突兀的随机噪声。因为它的随机性和无意义，大脑不会因它开始思考，加上还能盖住其他真正的噪声，所以它对睡眠确有一定帮助。网络上的有些视频，用翻书声、雨声模拟出一个自习室环境。有的则实拍一份数小时的真实图书馆空镜，其中充满了窸窸窣窣的讲话声、轻声敲击键盘声或者桌椅板凳的碰撞声，已完全称不上毫无干扰的白噪声，但胜在真实，可以帮"自控力差"的观众创造一个沉浸式学习的环境。

第三章

院系心理资源体系建设与利用

第一节　院系二级心理辅导站

院系二级心理辅导站（以下简称心理辅导站）是在学校大学生心理健康教育中心（以下简称心理中心）的指导下，由各院系设置的学生心理健康教育与辅导工作机构。2018 年，中共教育部党组印发《高等学校学生心理健康教育指导纲要》，指出有条件的高校要建立相对独立的心理健康教育与咨询机构和院系二级心理辅导站。

心理中心和心理辅导站在心理育人的工作过程和内容上各有侧重，心理中心主要负责规划、指导、协调、培训，心理辅导站主要负责实施、教育、反馈，整个心理健康教育体系中校院两级是协同与互补、分工与合作的关系。

心理辅导站的建立充分调动了院系开展心理健康教育的积极性和主动性，使各院系能结合自身的实际情况，更加有效地开展心理健康教育工作，实现工作重心下移。心理辅导站将日常心理健康教育与心理危机干预密切结合，可以及时发现、及时干预和及时解决学生心理危机。通过心理辅导站开展工作，可以进一步推动学校心理健康教育工作的重心，由针对少数学生的障碍性咨询和危机干预转为面向全体学生的发展性辅导和健康教育，从而扩大心理健康工作的覆盖面与影响力。

一、心理辅导站的角色定位

"三全育人"为院系学生心理健康教育提供了新的思路和路径。院系以心理辅导站为中心,把心理健康教育工作贯穿于院系各项工作当中,形成"全员育人、全过程育人、全方位育人"的良好格局。

(一)全员育人的"合作站"

心理辅导站充分调动院内各部门的人力资源,将心理健康教育和党团、就业、评优、资助、宿舍等工作相结合,发挥家庭和社会的协同作用,成为全员育人的"合作站":积极配合心理中心的安排,积极开展教育、排查、心理危机干预等工作;建立辅导员与导师、任课老师、班主任、宿管员、学生家长沟通的畅通通道,及时掌握学生心理动态;定期开展院系内心理服务工作人员的培训和考评工作,提高助人意识和水平;在重要时间节点,组织辅导员、班主任进行学生心理健康工作会议,对开展的学生谈话工作进行检查、讨论;定期组织督导,提高大家解决学生心理困扰的能力。

(二)全过程育人的"守护者"

要做好心理育人工作,心理健康教育工作者不仅要掌握心理学的知识和方法,还要从学生的心理特点及人格特质出发,充分理解学生心理需求和心理发展规律,结合环境情况开展工作,从而促进学生的心理和人格健康发展。

不同年级的学生面临着不同的发展任务和挑战,个体心理成长过程和速度也不一致。心理辅导站要对不同年级开展分层教育活动,引导学生适应其各阶段的挑战;要对接受过心理帮助的学生进行定期跟踪回访,陪伴学生顺利渡过每个难关,成为他们心灵成长之路上的"守护者"。其中,要特别注意在新生入学时、考试前后期间、假期离校前、实习实践期间、毕业阶段等环节做好做实心理健康教育工作;要重点关注存在精神疾病既往史、重大身体疾病、情感受挫、家庭经济困难、人际关系不良等情况的学生，及时给予帮助和支持，及时向心理中心报送案例，并进行危机干预。

（三）全方位育人的"助推器"

心理辅导站可以从课程、活动、环境三方面助推全方位育人。课程方面，心理辅导站的专业人员要承担院系学生的心理健康教育课程的教学，把握学生心理特点和动态，普及正确的心理学知识和自助技巧。活动方面，要创新性地开展学生喜闻乐见、丰富多彩、参与性强、效果好的心理健康教育活动，让大家放松身心的同时增加对自身的了解，收获心灵的成长。环境方面，要充分利用微信公众号、院系网站等平台，积极宣传优质的心理健康教育资源、有效的心理自助方法、心理求助途径等，让每位学生都能意识到并维护自己的心理健康，在遇到心理问题时知道如何自助和求助。

二、心理辅导站的工作内容

心理辅导站应针对学生的不同情况提供不同性质的服务。比如，为学院全体学生普及心理健康知识这类基础性服务，为出现困扰的学生提供心理辅导这类预防性服务，对于可能出现心理疾病的学生提供转介服务，对于需要学校、家庭、社会多方帮助的学生提供协调性服务等。落实到辅导站具体工作内容来看，主要包括以下几个方面。

（1）宣传教育。面向学生开展院系心理健康知识与心理保健意识的宣传教育工作；组织新生家长参加心理健康教育讲座等活动，以促进家校合作；利用公众号、微博、学院网站等新媒体平台，普及心理健康相关知识及心理服务信息。

（2）实践活动。在院系、班级开展内容丰富、形式多样的心理健康教育活动，明确将学生心理教育活动时数纳入第二课堂成绩单；每年独立或联合承办至少一场校级心理健康节活动。

（3）深度辅导。辅导员运用心理学方法和谈话技术，定期对学生进行思想、学业、情感、心理等方面的深层次辅导；发现需要专业心理干预的学生后，协助其进行预约、转介。

（4）危机干预。建立"院系—班级—宿舍"心理危机预防体系，制定心理危机预防与干预工作预案，建立学生动态心理档案。按照心理中心要求，配合开展学生心理普查、心理异常排查、危机干预等工作，保证普查率100%。

（5）朋辈互助。对心理委员、宿舍长进行培训和指导，发挥学生主体作用，形成朋辈心理互助良好氛围；建立"月报"机制，及时发现问题，制定干预对策。

（6）心理咨询。有条件的院系应设立学生心理咨询室，聘请专职心理咨询师在心理中心的指导下为本院系学生提供心理咨询服务，由心理中心对案例进行统一管理和督导。

（7）培训与督导。院系内的心理服务工作人员（包括辅导员、班主任、心理委员、宿舍长等）应多参加心理中心举办的各类专业培训。院系还应根据自身情况和需求补充组织专题培训、工作讨论及案例督导。

除了完成上述内容及上级部门布置的各项心理健康教育工作任务外，各院系的心理辅导站应多思考、多创新，结合自身学院优势、学科特点及学生实际情况，提炼品牌，争取做到"一院一品"，实施学院品牌特色项目，开展符合学院特色的心理教育活动。

三、心理辅导站的队伍建设

心理辅导站是院系开展学生心理工作的重要力量和依托。院系应充分利用内部人力资源，建立一支开展心理健康工作的队伍。成立由院系领导任组长的学生心理健康教育与咨询工作领导小组，指导心理辅导站开展工作。院系领导需高度重视，积极支持和推进心理辅导站的建设与发展。将心理辅导站工作列入院系学生工作计划，并把心理健康教育纳入人才培养方案，定期召开专题会议听取工作汇报，研究存在的问题，以有效推动学生心理工作的开展。在制度方面，需制定心理辅导站工作规范、健全各项规章制度；同时，应确立明确的长期建设规划和目标，以及详细的周期建设计划。

心理辅导站成员主要由学工办主任（或分团委书记）、辅导员、班主任、心理委员、宿舍长组成，其中，站长一般由院系学工办主任或分团委书记兼任。相较于心理中心，这支队伍的组成人员能与学生进行更近距离的日常接触，了解和熟悉学生情况，可以随时掌握学生心理动态，为学生提供的帮助和支持更及时。其所开展的心理健康活动也因此而更具有针对性和实效性。此外，心理辅导站可根据实际需求，成立学生心理健康协会，旨在培养和造就一支积极活跃的学生朋辈教育队伍，该队伍将自愿开展朋辈心理互助与支持工作。

四、心理辅导站的硬件建设

心理辅导站根据自身发展和院系实际需要，建立相对独立且专业的场地，面积20平方米左右。布置风格应与所开展的心理健康教育活动相适宜，并配备齐全的基本设施设备，以满足开展学生心理活动和心理工作讨论会的需求。

室内需采光良好，且应布置绿植、软沙发、抱枕、挂画等装饰，以营造温馨、放松的氛围。同时，需备有生涯发展卡牌、沙盘等心理工具，这些工具具备团体辅导、放松身心、自我探索等功能。有条件的院系可建立情绪宣泄室，或配置钢琴等音乐器材，以用于对学生的美育教育或心理疏导。心理辅导站内应设置心理宣传栏，并定期更新宣传栏内容，旨在普及日常心理知识、宣传心理求助的途径等。

五、心理辅导站的心理咨询室建设

心理辅导站可以根据需求和咨询专业要求设立学生心理咨询室，为本院系学生提供心理咨询服务；心理咨询室的开放时间应能满足本院系学生的咨询需求。院系心理咨询室应在心理中心的指导下开展心理咨询服务；建立健全心理咨询的预约、重点反馈等制度；严格按照心理中心的统一规定进行咨询个案记录与档案管理工作，并坚持保密原则；院系在处理危机案例时，应确保心理中心参与，并接受专业督导。

在院系心理咨询室的建设方面，可参考如下要求。

- 咨询室选址要闹中取静，让学生感受到方便、保密、安全。
- 咨询室宜选择有窗的房间，保证有自然光线但要有保护隐私的窗帘。
- 咨询室面积最好在 12~20 平方米之间，过于狭小和空旷都会让学生感觉不舒适。
- 装修配色应清新淡雅，配备舒适的沙发、柔和的光源以及绿植等，让学生感觉温馨宁静。
- 设施要齐备，最好配有沙盘，有条件的还可配备生物反馈仪等设施帮助学生进行减压放松（见图 3-1）。

在人员配置上，院系心理咨询室至少配备专职咨询师 1 人，或可根据院系的实际情况配备兼职咨询师若干，以建立相对稳定、素质较高的心理咨询工作队伍。心理咨询师应具备从事心理咨询、学生心理健康教育的相关学历背景和专业资质。平时应注重心理咨询师的能力提升，应鼓励院系心理咨询师积极参与心理中心组织的心理咨询师学习、培训、督导等活动；

同时，应支持院系心理咨询师结合本院系的实际工作开展科学研究，以加深对工作的理解和认识。

（a）

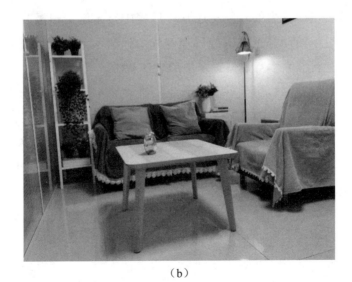

（b）

图 3-1　院系心理咨询室实景图

第二节 院系全员育人成合力

一、辅导员的学生心理工作

学生心理工作是辅导员日常工作的重要组成部分。辅导员需广泛开展心理健康教育和支持工作,发现和识别学生的心理健康问题,帮助有心理健康问题的学生做好康复和再适应。

(一)心理健康教育与宣传

辅导员应在与学生的日常交往互动过程中给予学生积极的心理影响,通过谈话或组织活动等形式进行心理健康知识和理念宣传,在年级、班级建设中营造有利于学生身心健康发展的集体氛围。

新生辅导员要积极组织并开展新生心理教育第一课,在开学后面向全体新生举办专题讲座。讲座应全面介绍学校及院系的心理支持体系及心理援助渠道,帮助新生更好地调整心态、融入大学生活。在期中期末季,结合考试焦虑等问题开展主题教育班会。在求职季,以纾解求职压力为主题,开展座谈交流,分享经验与感悟。

在院系组织的各类体育比赛、辩论赛、春秋游、团校小组等多种多样的团体活动中安排心理团体活动环节,充分利用各类机会提升学生心理健康意识,普及心理健康知识,增强新生的心理素质、社交能力和适应新环境的能力。

同时,辅导员还要重视家校合作,认识到家庭对孩子的心理健康有着重要的影响。通过采用新媒体宣传方式，辅导员应根据学生不同的发展阶段和具体情况，定期向家长推送有关学生心理发展、常见心理问题解析以及有效的亲子沟通技巧等方面的知识。从而引导家长树立正确的心理健康观念，这对于预防学生心理问题的发生、及时识别潜在问题，以及促进学生心理健康水平的提升有着重要的作用。

（二）心理危机的识别与应对

辅导员需要建立定期谈话制度，每学年至少与每位学生谈话一次。结合走访宿舍等形式，及时了解学生的情绪状态和社会功能表现，摸排存在心理问题的学生，并为他们建立起一对一台账记录。针对个体差异性，实行分类管理与动态管理机制。

同时，辅导员需要构建学生骨干网络，通过定期与班级心理委员和宿舍长进行沟通，尽早发现需要特别关注的学生，并对其进行心理异常和心理危机评估。随后，通过开展深度辅导、转介心理咨询中心或协助就医等措施，帮助其尽早获得专业治疗或干预。此项工作的目的在于，让可能存在风险（尤其是伤害自身或他人的风险）的学生能够尽早获得专业帮助，从而降低伤害事件发生的可能性。

辅导员每月参与所在院系与心理中心对接老师组织的院系会商，就重点关注学生的近期状况进行说明，结合其心理评估或咨询结果，明确风险等级，并确定后续的工作思路和计划。

（三）为学生提供辅导与支持

辅导员是学生求助的重要对象，为学生提供心理支持和辅导是辅导员工作的重要组成部分。鉴于高校辅导员的角色和专业背景，可以以问题管理和教练技术为基本参考，建立适合于辅导员的心理支持和辅导的基本框架,形成半结构化工作手册,以指导辅导员开展学生心理支持和干预工作。

辅导员要主动关心高风险学生,对遭遇学业困难、人际冲突、恋爱挫折等问题的学生,开展深度辅导。辅导员要注意避免过度说教,防止学生出现逆反情绪,还要跟学生强调保密的边界和谈话的积极意义,防止学生因担心谈话内容被泄露或误解为窥探隐私而选择沉默或不告知实情。同时,辅导员还要掌握并灵活运用心理咨询理论和技巧,提升自身的助人能力,以帮助学生解决困惑。

辅导员要针对学科特色、学生特点对学生进行有效的辅导与帮助。例如,某学院辅导员立足该院学生学业及科研压力大的现状,坚持学业预警谈话与心理健康教育有机结合,在心理工作中坚决抓好"关键少数"。通过一对一学业预警谈话,了解学生真实心理情况,帮助因学业压力产生心理问题的学生肃清问题根源,调整认知模式,改变学习方法,以学业情况的改善促进心理发展与个人成长。

(四)协同各方资源促进学生心理健康

学生心理健康促进工作是一个系统工程,需要学校、家长、社会机构等多方力量合作参与。辅导员心理育人不是辅导员一个人的独立工作,而是一个调动系统内外力量以达成协同育人的过程。

辅导员要与学校或院系的专业心理健康工作者协同合作,帮助心理异常学生进行康复。在日常对学生的教育管理中,帮助学生更好地应对个人生活挑战、调整行为模式,并恢复对校园及生活环境的适应能力。同时,辅导员要积极与各年级班主任、研究生导师等建立紧密联系,强调心理健康教育工作的重要性,联合家校力量,推动学生心理问题的解决,共同促进学生的健康发展。

党的二十大报告强调要"健全学校家庭社会育人机制",积极调动各方资源,切实解决学生实际问题,从根本上减少心理问题的产生。充分了解学生困难、结合学生实际问题，联合就业、资助、学业等多个部门，实施定点帮扶。积极争取社会资助，为面临经济和心理双重困难的学生提供物质支持；成立学业辅导小组，为面临学业和心理双重困难的学生提供一对一的论文、考试指导；邀请院系领导共同开展就业帮扶，为面临就业和心理双重困难的学生推荐工作岗位。

家长在学生心理工作中是至关重要且不容忽视的一环，辅导员要重视家长在心理危机处理过程中的重要作用，适时把握时机加强家校联动。在新生家长会上，应向全体家长就"新生的心理适应及引导"和"心理危机处理过程中的家校联动"进行讲解说明，帮助家长正确认识学生心理健康问题，并教会他们如何有效处理学生在校期间可能遇到的问题。

二、班主任的学生心理工作

班主任处于高校学生教育管理的一线，具备开展心理健康教育的天然优势：班主任是学生最熟悉的老师之一，长期的接触与了解使得班主任掌握了学生心理状况的一手资料，有助于心理中心对心理障碍学生的排查与诊断，为心理健康课程的设置与安排提供依据，使得心理健康教育能够有的放矢，提高教育的有效性。

（一）做好学生个体心理关怀工作

除部分与班主任联系紧密的班干部外，多数学生往往仅在遇到困难时才会找班主任沟通并寻求帮助。班主任通过为这些学生解答疑惑、解决事务性问题，有效地缓解了学生的心理压力、减少了无助感，并成功地调节了学生的情绪状态。

虽然班主任无法像专业心理咨询师一样对学生进行深入的心理干预，

但可以对学生表达关心与支持。班主任还可以根据在专业培训中所掌握的知识和相较于学生更丰富的人生阅历,在学生常见的发展性问题上给予一定的建议和指导。大部分遇到一般性心理困扰的学生在班主任的关心和鼓励下都会有所好转。在解决学生心理问题的同时,班主任还要充分了解其宿舍关系、家庭关系等,以便协助学生改善人际关系,增进和睦,从而创造一个更加有利于学生心理健康的人际环境。

(二)预防学生心理危机

班主任应建立班级学生的个人情况档案和家庭档案;要综合与学生本人的日常沟通、他人评价等多方信息,建立学生心理档案并定期更新;根据学生具体情况,班主任应主动联系学生,有针对性地开展心理健康教育和谈心工作。

此外,班主任要在学校、学院或班级组织的全员性活动中细心观察学生情况。相较于个体辅导或谈话,全员性活动更容易被学生接受,学生也更容易在这类活动中展现自己的真实状态。班主任在活动中要注意观察师生互动、朋辈互动的情况,初步识别需要关注的学生,随后在恰当的时机进行进一步的摸底排查,强化心理危机预防工作。

平时,班主任要走进宿舍了解学生生活情况,走进教室了解学生学习状态,多与班干部、宿舍长沟通,以便及时了解学生动态。如果班主任发现某位学生可能存在心理危机或需要专业心理支持,应及时建议该学生去心理中心进行评估或去医院就医。在此过程中,班主任应随时关注学生情况变化,提供必要的帮助,同时要及时告知院系保护学生身心安全与健康。

(三)开展心理主题班会和团体辅导

班主任可与院系的心理辅导老师合作开展符合学生发展阶段的团体心

理健康教育活动，例如人际关系主题班会、职业生涯团辅等。在入学之初，应开展团队建设活动，帮助学生之间快速破冰，加快学生对学校环境和人际关系的适应过程，从而增强班级凝聚力。此外，班主任还应根据班级遇到的情况，开展一次或多次的团辅活动，例如在班级学生普遍反映遇到学业压力时，可及时组织压力与情绪管理系列团辅，以解决大家面临的共性问题。

【拓展视频 3-1】

班会可以采用多种形式，如讲故事、讨论、专题报告、成果汇报、经验交流等，以生动的方式向学生传授心理健康的相关理念、知识和方法。鉴于大学生群体更喜欢自主学习和思考，且更愿意从体验性活动中收获成长，班主任可以把培训中学习到的团体辅导活动及技术融入班会之中，如卡牌游戏、角色扮演、心理绘画等，以增加主题班会的趣味性和吸引力，促进学生的积极参与，并从中获益。此外，还需根据当时的环境和条件，灵活采用线下、线上、线上线下相结合等不同形式开展班会活动。

（四）利用心理学技术选拔和培养班干部

在班干部选拔上，班主任可运用心理学中的 MBTI 和大五性格测评等工具了解候选人性格特点，再结合无领导小组讨论面试等方法，全面客观地了解班干部候选人的心理素质与管理能力，最后参照班干部岗位职责，科学选拔班干部，实现人职匹配。例如，在无领导小组讨论面试中，5～7 名候选人为一组，针对某个与班级工作相关的问题（如组织某项班级学生活动）进行 30～40 分钟的讨论。考官可以由几个班的班主任和辅导员共同担任，观察每个候选人在讨论中的表现，考查他们真实的言语表达能力、人际关系影响力、责任心、抗压能力、策划能力等。

在班干部培养上，班主任在思想上要认识到这是一个渐进的过程。即使学生在中学就担任过类似工作，现在也可能会因为学生人群和工作要求的差异而难以立即适应。此时，班主任要鼓励班干部积极应对困难、有效利用各方资源解决问题，并对其取得的每一点进步和成功给予肯定和强化，以帮助其提高自信心和胜任能力。另外，班主任还要考虑到学生的主要学习任务，引导他们合理安排时间，并教会他们有效应对心理压力的方法。

三、研究生导师的学生心理工作

相比于本科生，研究生以班级为单位展开的活动较少，班级概念比较空泛，来自班级的心理支持比较缺乏，班级危机预警机制也比较不敏感。研究生平时大部分时间是在各自的实验室或课题组中度过，会定期由导师带领参加学术研讨会。因此导师更容易从研究生的学术表现和人际互动中发现异常情况，可以在学术讨论和日常交往中潜移默化地开展心理支持工作。

导师在研究生思想政治教育特别是心理健康教育中的积极作用是贯彻党的教育方针政策、履行导师立德树人职责的需要。研究生导师学术能力强，在学生群体中威望高、影响力大，他们的一言一行都会对研究生产生深远影响。此外，研究生导师平时与研究生的接触更为频繁，交流的领域更为广泛，这些都为他们在研究生群体中开展心理健康教育工作创造了良好的条件。

（一）提高自身修养，发挥榜样作用

导师的治学态度、道德品质和思想观念都将深深影响研究生的学业水平和身心健康。因此，导师要提高自身修养，从而更好地发挥自己在研究生群体中的榜样引领作用。学校、学院还可以通过开展"我最喜爱的导师"评选等活动增强导师对自身育人工作的认同感，激发他们开展研究生心理健康教育工作的积极性。

（二）关怀学生健康，营造张弛有度的科研氛围

研究生导师要明确自身的角色定位，既要维持好与研究生的师生关系，又要重视、培养与研究生之间的朋友关系，拉近师生之间的心理距离，提高与研究生的沟通效果，及时了解研究生在校期间的学习和生活状况，并适时给予指导和帮助。此外，研究生导师可以在课题组内部组织开展多种形式的户内外活动，以缓解研究生的学习压力，同时在课题组内部营造和谐愉快、积极向上的生活氛围，以便增进师生关系，促进研究生阳光心态的形成。

（三）紧密配合，做好危机干预

研究生的心理健康教育工作，不仅需要充分发挥导师的引领作用，还需要建立导师与高校研究生工作负责人、研究生辅导员、专业心理咨询教师之间的协同机制。研究生导师应当加强与研究生辅导员的沟通交流，及时反馈研究生在校期间的思想波动与情绪变化，对于突发状况和心理危机要及时上报学院，凝聚研究生辅导员和专业心理咨询教师的共同力量，做好心理危机的预防、识别和有效干预工作。

案例

细心的导师

某导师发现其学生 A 连续两次组会请事假，考虑到 A 平时遵守规则、科研工作认真积极，导师觉得 A 的情况异常，于是向该生的同级研究生 B 了解 A 的近况。从与 B 的谈话中，导师得知 A 最近情绪低

落，在实验室时间明显减少，有好几次忘记收拾实验室器材。由于A平时比较内向，跟大家交流不多，所以其他学生也不了解A具体遇到了什么事情。

于是，导师打电话给A邀请其来办公室谈话。原来，A谈了五年的女友C于一个月前提出分手，A多次去找C挽回未果非常伤心，难以安心科研、对生活产生绝望感，出现入睡困难、精力下降、暴饮暴食等情况，且难以自我调整。导师在对A进行安慰和劝导后，建议其尽快联系辅导员进行谈心谈话以获得帮助。A对此表示同意，导师将A的求助需求告知学院心理辅导站联络人，该联络人立即通知该生辅导员安排与A进行谈话。辅导员在与A谈话后判断其需要专业帮助，于是将A转介到学院心理咨询室进行评估和咨询。

在此之后，导师更加关注A的生活和科研情况，从出勤率和实验进度等方面评估其恢复情况，并在日常交流中对A的进步给予充分的鼓励和肯定，并遵守与A的约定，没有向其他老师或学生透露A的情况。在A自己的不懈努力以及导师、辅导员、咨询师等多方共同帮助下，A逐渐从失恋的痛苦中挣脱出来，恢复了正常的学习生活。

四、心理委员的学生心理工作

心理委员是班级学生干部队伍中的重要一员，是高校开展心理健康教育工作不可或缺的基层骨干力量。心理委员依托心理中心及心理辅导站，在班级中承担心理健康教育相关工作，发挥朋辈力量，帮助学生在心理健康问题上实现"自我教育""自我管理""自我服务"，有效改善了高校专职心理咨询师数量不足的现状，使高校心理工作更加高效、形式更加多样化。他们作为心理中心、心理辅导站与各班学生之间信息沟通的桥梁和纽带，在心理健康知识普及教育、心理危机预警与干预、心理问题互助与支持等多方面发挥举足轻重的作用。

（一）心理知识的宣传者

心理委员要深入学习并掌握科学的心理健康知识，定期在班上开展有关心理健康知识的宣传教育或分享活动，让学生们能正确认识和关注自身情况，学会一些简单的自助方法以调整自身状态。每次活动后，心理委员要做好相应的记录和总结，对于活动中发现的问题、学生们关注的话题以及尚未解决的疑惑要及时反馈给心理中心或心理辅导站，以便获得后续工作指导。

心理委员还要做好心理援助资源的推介工作，让班级所有学生都能了解如何获取学校和院系的心理支持服务。这包括具体的预约流程、服务时间、联系方式，以及紧急情况下的求助途径，旨在引导学生们在出现心理困扰时能够不害怕、不慌张、勇于求助，并知道求助的方法。此外，还要积极配合心理中心、心理辅导站做好心理普查和问卷调查工作。

（二）危机工作的前哨兵

危机干预首要的工作是能够及时识别、及时干预，阻止心理危机进一步发展。心理委员要注意收集本班学生的心理健康信息，敏锐观察并及时记录班级学生的心理动态，定期以"班级晴雨表""班级心电图"等形式向辅导员汇报班级学生的心理健康状况，同时推荐需要特别关注的学生。心理委员可以运用培训中所学知识，引导心理及行为异常状况的学生积极求助，必要时提醒班主任、辅导员对他们给予充分的关心和帮助，为心理问题的早期应对和解决创造宝贵的机会。

但是学校及院系也要充分考虑心理委员的学生身份和相对有限的能力，不宜对心理委员提出过高的期待及要求，否则心理委员可能会因此背上过重的心理负担，进而导致自身受到损害。

（三）学生身边的知心人

虽然心理委员的专业能力相对有限，但仍可以力所能及地为班级学生提供一些朋辈支持。对于有心理困扰的学生，心理委员可以倾听他们的烦恼与困惑，并给予对方真挚且恰当的回应，让对方感觉被看到、被理解，这能够在一定程度上有效缓解学生的情绪和压力。所以心理委员尤其要提高和打磨自己的倾听技能和陪伴能力，做学生身边的知心人和支持者。当然，在开展助人工作的同时，务必注意做好学生隐私的保密工作。

对性格孤僻、家庭情况复杂、经济贫困、学习困难的学生，心理委员要主要关注并给予帮助。对于一些有复杂心理问题的学生，其情况已经超出了心理委员所能帮助的范围，此时应向他们提供专业的求助方式，并及时转介给学校的心理中心或院系的心理咨询室进行处理。

（四）心理健康的示范者

心理委员需着重关注自身心理状态，掌握有效的自我调节方法，以保持心理健康，从而对周围的学生起到积极且潜移默化的影响和示范作用。心理委员的工作并非只有纯粹的付出，在助人过程中，他们也会获得相应的成长，并拥有更多的机会锻炼自我，实现自身潜能的充分发挥。这也是学生愿意对心理委员建立信任，进而主动向其求助的基础。

对于学校及院系组织的各项心理健康活动，如心理读书会、心理知识竞赛、心理剧大赛等，心理委员应积极响应并发挥骨干带头作用，展现活动收获和个人成长，以此对班级成员产生感化效应或积极暗示，从而促进班级学生共同参与活动，提升班级的整体心理健康水平。

第三节　院系心理服务能力提升

相较于高校学生工作的其他方面，辅导员在心理育人方面往往缺乏心理学专业知识和心理健康教育能力，在学生日常心理工作的开展中有可能会感到力不从心。目前，学院心理辅导站队伍的专业化程度有待提升，这是制约大学生心理健康教育服务水平的现实问题。为解决这一问题，根本路径是大力开展专业培训和工作督导，以期使相关人员具备从事心理健康教育的专业素养。因此，辅导员需通过学习、训练，并结合工作实践和专业督导，不断丰富自身的心理学知识、提升心理工作的能力。

一、完善学习培训制度

各院系要安排心理工作人员参加分类别、分层次的心理工作专业培训。培训的对象应该包括所有与心理工作相关的人员，尤其是新入职的辅导员、班主任、研究生导师、心理委员等。此外，还应鼓励之前已经参加过相关培训的人员参加复训。培训应由心理中心统一组织，部分院系由于自身特点和工作需要，也可邀请专家增加一些专题培训。

培训的内容要进行系统化设计，必须包含的内容有：心理工作的职责、法规与伦理、必备专业知识、必备辅导技能、不同类型的问题应对等。培训的形式应灵活多变，可以采取讲座、经验分享、实操练习、参观考察等多种形式，同时，应支持和鼓励骨干力量到校外参加学习交流和培训进修等活动。

对于学生心理委员，在完成专业培训和考核后，心理中心和心理辅导站要安排专人进行指导和管理，确保他们能落实工作任务，并定期参与必要的工作会议，以帮助他们更好地了解心理中心及心理辅导站的工作机制，进一步巩固培训所学的专业知识。

二、建立实践督导制度

开展督导工作也是提高队伍工作能力和水平的重要途径。心理辅导站要高度重视督导工作，构建健全的督导制度，为队伍的健康发展提供坚实保障。

督导的对象应主要聚焦于从事心理辅导的老师、负责谈心谈话的辅导员和班主任、提供朋辈心理支持的心理委员。鉴于不同人员的工作岗位及职责差异以及伦理要求等因素，这些人员应分别进行督导。督导老师应是学校心理中心的心理咨询师或督导师。督导的方式应以团体督导为主，同时，根据需要可以进行个体督导。督导活动应定期举行，若条件允许，可以每周开展一次；至少应确保每月一次的频率。

三、常规培训主题

根据培养对象的不同，院系可以分别开展辅导员培训主题（见表3-1）、研究生导师培训主题（见表3-2）以及心理委员岗前培训主题（见表3-3）的培训活动。

表 3-1 辅导员培训主题

序号	主题
1	学生常见心理问题的识别与评估
2	与学生日常沟通与会谈的技能
3	危机干预与危机管理
4	常见心理疗法与技术简介
5	深度辅导工作与实操技术专题培训
6	辅导员团体辅导与工作技能
7	心理主题班会策划与组织
8	心理辅导的工作伦理
9	助人者的自我照顾与赋能
10	各类专题讲座（学业压力/家庭关系/恋爱问题/宿舍关系/网络成瘾/生涯发展/哀伤辅导等）

注：各院系可以根据班主任的人员构成和具体工作职责要求，安排班主任参加辅导员的部分主题培训。

表 3-2 研究生导师培训主题

序号	主题
1	如何做一名好导师
2	与学生日常沟通与会谈的技能
3	学生常见心理问题的识别与应对
4	学生心理危机预防与协同干预
5	自我心理照顾与赋能

表 3-3 心理委员岗前培训主题

序号	主题
1	心理委员的基本素养与工作制度
2	学生常见心理问题的识别与应对
3	人际沟通与社交技能

续表

序号	主题
4	压力、情绪、睡眠与健康
5	朋辈心理辅导伦理
6	朋辈心理辅导技能
7	发展性团体辅导的策划与组织
8	心理主题班会策划与组织
9	心理委员培训考核与答疑

【拓展视频 3-2】　　　【拓展视频 3-3】　　　【拓展视频 3-4】

【拓展视频 3-5】　　　【拓展视频 3-6】　　　【拓展视频 3-7】

此外还可以根据情况需要增设学习压力、职业规划、恋爱关系等大学生常见问题的主题培训。心理中心或心理辅导站可以将这些培训制作成合集资源推出，以便校内外心理工作人员及学生随时查阅与学习，从而扩大其作用范围。

【拓展视频 3-8】　　　【拓展视频 3-9】　　　【拓展视频 3-10】

【拓展视频 3-11】　　　【拓展视频 3-12】　　　【拓展视频 3-13】

第四节 发掘院系资源开展特色服务

院系应充分利用自己的学科特色、师生资源、场地资源等优势,针对本院系或全校学生的需求,开发心理健康相关特色项目、提供特色心理服务,以提升学生整体心理健康水平。鼓励各院系之间资源共享、互通有无,在心理中心的专业指导下,发挥各自优势,共同开展学生心理健康宣传工作或实践活动,以期提高服务专业品质、扩大受众影响力,进而促进不同院系学生之间的交流与互助。

一、发挥专业优势

每个院系都有自己独特的学科优势,院系可以充分发挥自身学科优势,为学生提供学业辅导、人际适应、自我成长等方面的资源,以帮助他们应对学习和生活中的各种压力与挑战。

案例

> **高数系列辅导——获得朋辈支持、缓解心理压力**
>
> 高数学习内容多、难度大,是一门令很多学生头疼的课程。很多学生高数成绩不理想又无处求助,因而承受了巨大的心理压力。
>
> 某理科学院利用自身特长,组织院内高数成绩优秀的志愿者,面向全校所有在高数上有学业困难的学生开展辅导活动,提供朋辈学业

支持。高数辅导活动采取一对一辅导的形式,针对高等数学、线性代数两门科目,辅导形式包括线下辅导和线上辅导,每次辅导时长1个小时。

接受辅导的学生可获得的帮助包括但不限于:(1)对疑难习题的详细解答;(2)对课程知识脉络的梳理;(3)对难点疑点的详细分析;(4)他人学习高数的经验与方法。而提供辅导的学生也能体验到传播数学知识的成就感、认识其他学院学生以扩展朋友圈、获得服务时长的志愿服务证明。双方在这样的活动中一起攻克难题、互相交流、收获友谊。

二、善用师资力量

老师不仅是学生专业知识的传授者,更是他们人生发展的引路人。学生的很多心理困扰来自对学业的困惑、对未来的迷茫。院系要善用师资力量,引导老师用自己的关爱、眼界和经验帮助学生,促进学生全面发展、健康发展。

案例

综合指导课
——充分发挥老师在学生综合素质方面的指导作用

为激励学生主动与老师进行交流、寻求帮助,并充分发挥教学老师的专业指导能力,某学院启动师生交流项目——综合指导课。该项目引入教学、科研教师参与学生的管理与指导,旨在实现全员育人。

该学院选课平台上详细列出了每位教学、科研老师的工作范围、教育背景、科研方向和所能给学生提供的指导主题,每位老师每学期都要开放一定的指导课时段供学生们选择。学生们则可以根据自己需要指导或帮助的主题内容,选择适合自己的老师所开放的时段,并如期到指定地点与该老师进行一对一交流,接受老师的指导与帮助。自学生入学至毕业期间,每个本科生需完成至少 8 次综合指导课,以确保不同阶段、不同需求的学生都可以找到适合自己的老师进行指导。

每次指导结束后,老师会对谈话内容进行总结和记录。谈话内容丰富多彩,涵盖学业规划、科研规划、科研学习、职业发展规划帮助等方面。由于综合指导课的老师多数是本专业教师,他们能够针对学生因学业问题而引发的心理问题,提供切实可行的帮助和指导。

其实,综合指导课是教学、科研、学生管理的一次深度融合。老师根据自己对新生的了解进行选课指导,帮助学生梳理课程体系,在分析自身的优劣势的基础上确定学习计划和进度;对于有科研兴趣的学生,老师会向其介绍研究领域的情况,帮助学生尽快熟悉学科领域的进展,以便尽早确定自己的主攻方向,从而获得接受科研训练的机会。老师们不仅仅关注学生的学业,还在人生发展和心理素质培养上给予学生关心和帮助,引导学生在知识增长的同时发展健全的人格。通过综合指导课,学生们在老师的帮助下能够更好地认识自己,明确自己的定位和努力方向;在学业遇到困难的时候,能够主动寻求帮助并得到指导;在聆听师长分享成长道路的过程中,能够开阔眼界;在了解老师科研进展的时候,能够寻找到自己的科研方向与学术发展路径,从中获得教益与鼓励。

三、利用场地资源

适宜的学习和生活环境可以帮助学生改善心理及行为问题、提升生活满意度和幸福感。各院系可以开放场地资源,多为学生提供适合不同活动的便利场地,比如开放温馨的活动室供学生举办心理团辅、提供安静的教室供学生自习、提供隔音良好的会议室供学生做小组讨论等。

 案例

脱机自习室
——协助学生戒除手机依赖,养成良好学习习惯

该学习的时候却总想玩手机,手机不在身边就会感到不安。这种对手机的依赖导致很多学生浪费了宝贵的学习时间,造成学业拖延、任务堆积、考前焦虑,还会因此自责内疚、影响自我评价。

为此,某学院在学院内的大阶梯教室开设"脱机自习室",旨在协助学生在自习的时候"脱机"。每周六、周日的 8:00—22:00,学院开放两个大阶梯教室,每个教室由一位朋辈志愿者担任管理员。前来自习的学生要遵循"脱机自习室"的规定:进入教室后上交手机至指定位置,手机设置为静音模式;自习室随时进入,但每 1 小时开放 10 分钟的可外出时间供学生休息或活动;学生应自觉遵守自习纪律,专心学习,不影响他人。在每个学期末,学院还将根据登记的脱机时长评选 5 位"自习达人",并向他们每人发放一份小礼物作为奖励。

这一活动在学生中获得了很好的反响,现已成为该院最受学生欢迎的常规活动之一。很多学生通过坚持参与活动戒除了手机依赖,远离拖延症,养成了良好的学习习惯。

四、增强朋辈辅导

学生在遇到烦恼和困惑时,首选的倾诉或求助对象往往不是辅导员或者心理咨询师,而是自己的朋友或同学,因为这些人与求助者具有相同的身份特点、生活环境和相近的价值观,相互之间更易于理解。他们通过自身的经验和对问题的理解来引导与鼓励求助者,更容易产生"共鸣",让求助者敞开心扉,倾诉困扰和烦恼,从而获取安慰。

 案例

解忧杂货铺
——聆听同学心事,给予温暖的支持

某学院依托自身的学科优势和学生资源,设立了朋辈支持项目——解忧杂货铺,搭建了一个匿名的线上写信渠道,为有心理困扰的学生提供一个温暖安全的、可倾诉和寻求支持的平台。在收到同学来信后,回信店员会在48小时内通过发信渠道进行一对一回复,并对通信内容采取严格保密措施。在这个解忧杂货铺中,所有店员都是有心理学、社会工作等专业背景的在校学生,他们均接受过系统的回信培训,能够保证提供基本的倾听支持并给予非专业性的帮助。项目还邀请了心理中心的老师进行指导,如果在帮助的过程中发现亟须专业心理干预的学生,则会建议其到心理中心进行求助。

解忧杂货铺通过各学院的公众号平台进行宣传，并在学生中迅速流行起来。它为学生提供了一种人际支持资源、一个被聆听和被理解的渠道，有效缓解了很多学生无人倾诉或难以向外人道的困扰，使同学们在彼此的陪伴中梳理情绪、获得支持和成长。这是一种特殊的心理支持形式，充分发挥了朋辈之间的心理关怀和助人作用，是专业心理辅导与咨询的有效补充。

五、各院系资源共享与合作

互助，不仅仅发生在学生之间，更应该发生在院系之间。通过加强资源共享与合作，每个院系都可以让自身的学科优势和育人经验帮助到更多的学生，同时也能借助其他院系的活动弥补自身资源的不足。院系心理工作者可以在合作交流中摄取到其他院系的宝贵育人经验，而学生则可以通过参与其他院系活动来拓宽认知、发展跨院系人际关系，以增强心理灵活性和朋辈支持。

案例 1

跨院讲座——师资共享

各院系从自己的学科角度出发，实现师资共享，共创心理系列活动项目（见表 3-4）。活动面向各院系学生开放，不仅能让学生在活动中提升心理健康水平、增强幸福感，也为学生提供了拓宽视野、了解不同专业魅力的机会，还能促进学生之间的交流、扩大自身的人际支持系统。

表 3-4　全校心理系列活动项目

院系	活动名称	内容
生命科学学院	自然的疗愈力	专业老师带领学生们在校园内认识各种动植物，使学生与自然有更多接触，在放松身心的同时探索自然之美，发现生活乐趣；举办小植物栽种和领养活动，增加生活情绪和对生命的热爱
哲学系	以哲润心	专业老师深入浅出地介绍哲学知识，引导学生用联系的、发展的、全面的观点看问题，扩展分析问题的角度和解决问题的思路，帮助学生树立迎接挑战的信心，协调与自己、与他人、与社会的和谐关系
体育学院	趣味心理徒步定向	在校园内开展定向徒步运动，强身健体的同时提升学生应对挫折与压力的心理素质；活动中加入心理科普知识答题和团队沟通等小环节，在运动结束后进行复盘分享，促进学生自我反思与自我提升
医学院	睡眠饮食与心理	临床医生给学生讲授睡眠、饮食和心理健康之间的关系，讲解睡眠卫生常识、分享该领域最新研究成果，帮助学生走出误区，建立良好的睡眠与饮食习惯，促进身心健康
历史学系	读史悟人生	专业老师从引人入胜的历史故事切入，探索规律、传递智慧，帮助学生通人心、晓人理、识人性、悟人生，从故事中感受励志的品格和强大的精神，汲取力量和经验，积极应对当下困难与迷茫

续表

院系	活动名称	内容
艺术学院	用镜头记录世界，用心灵感悟人生	邀请专业老师为学生传授短视频制作经验和审美知识；之后自由分组，从学习、人际、择业等不同方面来创作有心灵启迪意涵的视频作品；老师带领学生从立意、表达、拍摄技术等角度对作品进行赏析
心理学院	"知心圆桌"师生交流活动	邀请心理学院知名教授，分享成长经历，解答人生困惑，探讨发展规划

案例2

工作交流会——经验共享

各院系的学生工作常常碰到很多相似的难题，尤其是某些院系的学科性质、院系或学生特点、应激源有相似之处。为了促进辅导员之间的交流学习、提升学生工作能力，几个理工科院系联合轮流举办"院系学生工作经验分享会"。

分享会每月定期举办一次，邀请多个院系的学生工作负责人及辅导员参加。每次活动由当次主办院系围绕理工科院系中普遍关注的主题和典型案例展开，分享本院系学工老师的成功做法和收获，同时虚心听取其他院系的相关经验，在交流中互相学习、共同进步。对于某些专业主题，院系还可邀请校内外专家参与，为老师们传授专业知识与技能。交流会的议题包括期末心理压力疏导、防范电信诈骗以及危机事件处理等多个方面。

此类交流会不仅为学工老师们提供了一个沟通经验、互相学习的机会,还成为他们交流感想、释放压力的窗口。通过这一平台,这几个院系的学工老师们能够获得朋辈支持和赋能感,进而在工作中打开思路、增强信心,更有效地为学生解决问题并提供有效帮助。

案例3

实践活动——专业共享

丰富多彩的课余活动能为学生提供减压放松的机会。院系之间,可以利用各自的优势(如场地、专业等)共同举办各类活动。如心理学院、体育学院联合举办"运动健心"系列活动:心理学院的师生宣传运动与心理健康的相关知识,为学生提供心理压力测评;体育学院的师生则带领大家学习如何进行科学运动计划的制订,组建阳光晨跑小分队、健身操小分队等,让学生自由报名、锻炼打卡。院系之间可以联合举办"心灵守护天使""心理健康教育大班会""刚好遇见你"等活动,以增强院系学生之间的人际支持与情感交流。此类活动充分发挥了不同院系的专业特长,使学生们能在一次活动中获得更多元、更全面的自我提升,同时也促进了学生们在活动中收获友谊,实现共同相伴成长。

第五节　加强院系与学校的沟通协作

学生心理育人工作是一项团队工作，院系除了充分重视并利用院系资源开展工作外，还应充分利用心理中心的专业资源，协同学校各部门共同做好学生心理工作，尤其是危机干预，力求做到早发现、早干预，以确保学生身心健康与校园和谐稳定。

一、协同学校各部门做好学生心理危机干预工作

学生心理危机干预是一项团队工作，在预防、发现、干预等每个环节都需要校内各相关部门和人员的密切配合。心理中心作为中枢，既要整合信息，又要指导具体工作；院系作为学生工作的一线执行者，不仅要负责收集重要信息，还要配合心理中心落地各项措施。

院系的导师、辅导员、心理委员是学生的身边人，能尽早发现和了解学生出现的各种心理异常现象。在对学生进行力所能及的帮助的同时，院系也要利用学生情况记录平台，将学生的情况进行整理录入，及时反馈给心理中心，获得更多专业的指导与建议。院系要在心理中心的指导下，与学生处、教务处、保卫处、后勤部、校医院等职能部门建立密切联系，从更多的渠道全面了解学生的健康、安全、德行、学习等方面的情况，各方需通力合作，共同保障学生的身心健康。

对于重点个案要做好日常观察关注，及时与心理中心进行会商跟进。在信息沟通方面，既要尊重心理中心专职人员的专业处理办法，也要积极寻求中心对院系下一步工作提供的指导和建议，共同跟进重点高危个案的

心理援助干预工作。在有必要的情况下，邀请其他相关部门就某位学生的具体情况进行特别会商（例如，对身体有特殊疾病的心理危机学生，邀请校医院的医生参与会商）。

二、与驻楼辅导员合作全面帮助重点关注学生

近年来，各大高校陆续开展了驻楼辅导员制度，驻楼辅导员入驻学校每栋学生宿舍楼，在宿舍一线及时发现并妥善解决学生问题，为学生提供"一站式"服务指导。他们引导学生提高自我保护意识、保持身心健康、遵守社会公德，有效推动了"安全、舒适、文明"公寓社区文化的建设。从心理健康工作的角度来看，驻楼辅导员在与学生同吃同住、帮助学生解决生活困难、去宿舍"做客"的过程中，敲开了学生的房门，打开了学生的心门。很多驻楼辅导员都反馈，在工作中，经常会遇到因生活不适应、宿舍关系不和、情感困惑、职业发展迷茫等问题前来求教的学生，而及时帮助学生解决此类问题能有效缓解学生的焦虑、无助情绪，这对保障学生身心健康发挥着重要作用。平时，驻楼辅导员可通过在楼内组织小型茶话会、交流会等活动形式，为学生提供互助机会，或围绕宿舍生活展开团体辅导。

院系和驻楼工作组要通过"宿舍—学工部—院系"联动机制，线上线下手段相结合，实现对学生群体"点—面—线—块"的全方位全覆盖，特别突出对学生的点对点关怀和面对面沟通，增强学生的获得感。院系辅导员、班主任应与所服务学生的驻楼辅导员保持紧密联系，将需要帮助的学生告知驻楼辅导员，请他们深入学生宿舍，把握学生困难点，关心学生生活与身体健康。各院系也要对驻楼辅导员反馈的情况或危机及时进行响应，形成常态化会商机制，排查并妥善解决宿舍楼内危机。此外，驻楼辅导员还要在工作中收集学生意见，形成"学工部—院系—宿舍"闭环信息反馈

机制，确保学生合理诉求得到有效落实。遇到节假日或期中、期末等重要时间节点，院系辅导员可与驻楼辅导员一起走访学生宿舍，开展关怀慰问。

延伸阅读

● 〔美〕理查德·格里格、菲利普·津巴多：《心理学与生活》（第19版），王垒等译，人民邮电出版社2016年版。

本书是跨越半个多世纪的心理学入门经典。首版问世于20世纪50年代，半个多世纪以来，不断与时俱进，迄今已修订19次。正如作者所言："心理学是一门与人类幸福密切相关的科学。"本书贴近生活、深入实践的独特风格，使其成为大众了解心理学、更好地理解人性和全面提升自身素质的首选读物。

● 詹启生等：《心理委员工作蓝皮书》系列丛书，天津大学出版社。

本系列丛书回顾了高校心理委员出现和发展的历史，介绍了不同高校在心理委员制度建设中的丰富经验，并有对未来心理委员制度的展望和创新。

● 〔美〕克拉拉·E.希尔：《助人技术：探索、领悟、行动三阶段模式》（第5版），朱旭等译，中国人民大学出版社2025年版。

本书是一本理论与实践相结合的教材。全书根据希尔教授的"探索—领悟—行动"的三阶段模式，提出了一种将当事人中心理论、精神分析理论以及认知行为理论整合起来的方法。书中主要介绍了探索、领悟、行动这三个阶段的理论基础和具体做法。

● **詹启生**：《心理委员督导 360 问》，上海交通大学出版社 2023 年版。

本书从学习、家庭、恋爱、宿舍、社交、职业等各方面精选 360 个具有代表性的问题给出具有针对性、实操性的解决方案，是一本给大学心理委员精心打造的工作实战指南。

第四章

辅导员工作实操流程及经验总结

第四章 辅导员工作实操流程及经验总结

第一节 辅导员与学生沟通技巧及成功案例

一、与学生沟通时的常见问题

心理健康教育是一项充满挑战性的工作。它需要才智、人际成熟、情绪稳定、平衡的生活状态、持续不断的技能学习、爱心、真诚与勇气。而所有这些才能的展示与效用的发挥，都是从"与学生沟通"这一基础性工作开始的。在与学生沟通的过程中，能否快速建立彼此之间的信任，成为一个常见问题。辅导员工作，本质上是做人的工作。信任，是人与人之间进行进一步了解、交流的根基。辅导员与学生以信任为基石的沟通交流，有助于辅导员获取关键信息，切中问题要害，进而进行更具针对性的辅导。出于对老师或者辅导员身份角色的刻板印象，很多学生总是预设辅导员代表学校或是家长的立场，认为辅导员一定站在自己的对立面。因此，在实际的工作开展过程当中，如何逐步地与学生建立信任，并让学生愿意向自己敞开心扉，已然成为辅导员开启沟通历程中最关键的一步。

沟通困难或者交流壁垒往往存在于一些性格较为自我或是相对封闭的学生中。这类学生自我保护意识较强，注重个人隐私，对谈话有较大保留，阻碍了沟通的逐步深入；还有一部分学生羞于开口求助，越是遇到困难，越是回避沟通，所有事情藏在心里，自认为可以自行解决，若问题无法解决，他们便陷入了死循环，要么抓着问题不放，要么索性躺平、一蹶不振。一旦学生有这样的倾向，就预示着辅导员的谈心谈话工作难以开展。还存在一种情况,即一些有一定思想深度的同学,对于与辅导员沟通,多数持排斥态度。在他们看来,这类"闲聊"没有意义,因此,如何找到学生认为"有意义"的话题,以打开学生的话匣子,是辅导员与这一群体沟通的一大挑战。

此外,面对有心理困惑的学生,或由心理疾病引起躯体化反应的学生,辅导员也有可能陷入沟通困境。比如,有的同学因焦虑导致注意力难以集中,在跟辅导员沟通时,他们很难听懂老师在说什么,很难静下心来反思自己当前所处的状态或存在的问题,更别提去思考为什么会发生这样的情况。心理疾病还会导致学生的行为令人费解,并伴有很强烈的情绪化反应。比如某些陷入抑郁情绪的学生,因为病情产生严重的自我否定,对于外界信息极其敏感,面对辅导员很自然的一句询问,比如"期中考得怎么样",也会错误地认为是辅导员看不起自己,认为自己成绩糟糕,从而引起极大的情绪反应。而学生这种激烈的反应也令辅导员感到焦虑和恐惧,有些新手辅导员甚至开始不知所措,沟通阻碍进一步加大,陷入"尬聊"等导致无法获取关键信息的情况,很大程度上降低了谈话质量。

二、应对沟通困难的有效经验

如上文所述,辅导员在与学生沟通的过程中可能会遇到很多问题。很多学生性格内向,一开始不会直接表达真实想法,说出自己所面对的困难,展现内心的脆弱。面对这些情况,辅导员需要循序渐进地接近、了解学生,逐步与他们建立信任感,让他们逐步消除顾虑、敞开心扉。增加与同学的交流与彼此之间的信任感,较为有效的方式主要包括以下六个方面。

第四章
辅导员工作实操流程及经验总结

（一）沟通前做足功课，对学生做好充分的背景调查

举个简单的例子，学生情况登记表就是我们沟通前了解学生"画像"的有力抓手，借助这个表格，辅导员可以初步了解学生的成长经历、家庭环境、籍贯、专业、家庭经济状况（是否为贫困生）等基本信息，大致推测学生的性格特点。除此之外还要了解学生的兴趣爱好、特长、人际关系等。

这些信息还可以通过学生本人、父母监护人或他的同学、室友等进一步获得，帮助辅导员全方位了解谈话对象，做到心中有数。了解了基本信息，辅导员在聊天的过程中，能够结合实际，为学生提供更多的对话方向和话题选项，避免"冷场"。

当辅导员做足准备与学生进行沟通，学生也能感受到老师用心地准备了这场谈话，感受到老师对自己的在意和尊重，同样地，学生也会给予辅导员更多的尊重，更加认真地对待谈话。

（二）沟通过程中，注意节奏的把控

较为理想的沟通节奏是循序渐进的。辅导员可以先带着好奇心与学生建立基本的沟通关系，引导学生谈一谈自身的兴趣爱好、成长经历及对大学生活的期待等，通过自然的切入，获得学生基础性的信任。同时，要避免说教式的交流。

现在的学生有想法、有主见，并且他们获取信息的方式比起10年、20年、30年前的这几代人更为丰富、多元。不管是国际还是国内的大事件，他们可能都有非常清晰、深入的了解，也有很多自身的思考和体会。因此，借用身边的实例或切身经历与学生进行讨论，用真实的事件说服他们，会

是一个相对有效的沟通方法。

再者，在沟通过程中，辅导员可以做一些正向的暗示。这样的暗示可以是一些特别想表达的观点或态度以较为委婉的方式呈现，如通过启发式提问、列举一些案例，引导学生自行思考事件的脉络和结果。这些正向暗示，可能会在学生心中埋下种子，当他日后再复盘此次谈话时，也许会触发相应的联想，促进其更深入地思考，进而为辅导员开展下一次的谈心谈话或深度辅导奠定良好的基础。

（三）沟通过程中，要善于倾听

面对性格内向、不善言辞的学生，除了积极地引导他们回答问题、表达想法，更重要的是倾听。从学生提供的有限信息中，加深对其了解，把控话语风向，推测其所思所想。面对表达欲强的学生，辅导员同样要耐心倾听。对于这类学生来说，他们表达的过程不只是观点的输出，也可能是压力的释放、情感的宣泄。与学生谈心谈话，比较忌讳的是，辅导员不顾听者的感受，一味密集地输出。

很多时候，有效的沟通最重要的不是"立"，而是"破"，先"破"后"立"，有助于辅导员在谈话中更好地占据主动地位。

（四）努力增加沟通的频率和次数

心理学研究发现，绝大多数情况下，人们对于自己经常见面的人，好感程度远远高于自己并不熟悉的陌生人。这就是我们常说的"熟人好办事"。因此，辅导员不能等到遇到特殊情况非沟通不可时，再去与学生进行沟通。

谈心谈话工作应该落实到日常工作中，无论情况如何，当你接手了这份工作，都应该与学生建立联系。即使不是事务性工作，也应该找机会与学生建立联系，通过微信、短信、邮件、朋友圈互动等方式表达对学生的关心，询问学生近况，了解之前谈话中提及的问题是否已经得到解决。如果问题依然存在，询问学生是否有办法克服困难，并关注问题解决的进展及效果。如果效果仍不佳，可以借机约学生找时间面谈，寻求新的解决路径。这些看似微不足道的举动，都会让同学感受到辅导员对自己的关注和倾注的心血，由此，产生较强的信任感。有了这样的情感根基，当学生出现紧急状况时，更有利于后续工作的开展。

日常的闲聊和问候，会让学生意识到，辅导员就在自己身边，既时常可以看见，也随时可以找到。只有这样，当真正遇到困难时，学生才更愿意与辅导员敞开心扉、坦诚沟通。当学生有一些比较极端的行为、想法的时候，与辅导员之间友好的、充满善意的互动，也可能会成为一个阻止其实施危险行为的重要保护性因素。

（五）在多次接触和交流的基础上，了解学生特点，找准聊天切入点

辅导员要尽可能避免与学生初次见面就交流一些较为敏感、学生内心较为抗拒的话题。聊天切入点的选取很难一以概之，需要具体情况具体分析。有些学生不喜欢被老师指点，也难以接受他人提出的建议，他们更乐于与他人分享和讨论自己的情绪感受。

面对这一类学生，辅导员需要克服自身职业惯性，克制住内心提出建议的冲动，先耐心倾听学生的感受，共情包容学生的情感，待学生情绪相对稳定之后，再讨论具体的问题。

还有一部分学生，看重的是辅导员能否帮助他们解决自己实际遇到的问题。面对这样的学生，辅导员可以从他们可遇到的困难入手，结合学生个人特点，引导其进一步地梳理自身想法，鼓励其尝试自行分析利弊，与学生一起探讨可行的解决方式。

（六）恰当选择沟通的方式方法

有些学生喜欢面对面沟通。面对这类学生，也许可以选择在办公室谈心、在咖啡馆聊天，或者约学生一起去食堂吃饭，在这些轻松愉快的氛围中，进行面对面交流。

还有些学生更习惯通过微信或是网络平台与他人进行沟通，那么辅导员也可以先与学生建立线上联系，与学生在朋友圈进行互动，待彼此熟络起来之后再约学生线下见面。其实，不论是选用哪一种方式，只要双方能够坦诚地交流，学生自然会开始表达自己的真实想法，久而久之也就能够自然而然地建立了信任。

三、辅导员与学生沟通的成功案例分享

案例1

打开心扉

我所工作的学院，有一位学生非常内向，不愿意与人沟通。我数次邀请这位学生来办公室谈心，但总是被拒绝，学生一再回避，不愿与我进行沟通。即便吃了闭门羹，我依然坚持定期约他谈话。与此同时，在听说他非常喜欢某一部动漫之后，我经常通过微信和他分享一些与这部动漫有关的信息和视频。就这样日复一日，这位学生慢慢感受到我的热情和耐心，更感受到了我的诚意，知道我绝不是一个敷衍了事的人，也不是为了应付规定的工作才主动与他沟通。学生开始愿意线上和我交流与动漫相关的话题，渐渐地，也愿意和我分享自己的学习生活。再后来，他开始信任我，再也不回避来办公室和我谈话谈心了，我们也因此可以沟通一些更为深入的问题以及他遇到的困境。

案例 2

特立独行

我们之前带过一位学生，他特别渴望博取关注，且行为非常特立独行。这位学生的特立独行表现在做事不顾原则，不考虑自己是否想做，也不考虑后果，只要别人没做过，他就会去尝试，因此制造了很多麻烦。这些麻烦既包括言语上的冲突，也涉及行为上的不当，甚至在同学之间引发冲突，引起身边人的不满。作为辅导员，我关注到了这一情况，也有同学向我反映，认为这种行为是错误的，并质疑我们为什么不采取措施制止。我先是冷静地回应同学说："好，我知道了，你先别着急，我会处理的。"以此安抚大家的情绪，但具体的处理方式还是要因人而异。面对这类试图通过不合规矩的行为来博取关注的学生，我采取的是"冷处理"策略——你越想获得关注，那么我就越不给予过度的关注。你认为你采用的这种方式能够博取他人关注，但这种方式其实本身就是错误的。暂且不说这样的心态是否正确或合理，选择这样不文明、不友好的方式来博人眼球，就应当受到严厉的批评。

我在多次的沟通中逐步向学生明确传达：想要得到关注的想法并无正误之分，但所作所为若引起周围同学的不满则是不妥的。想博取关注，应采取合适的方式，而非为了获得关注舍弃原则、为所欲为。在与学生就此事沟通的过程中，我也经常到其宿舍走走看看，顺便关心学生是否好好吃饭、这段时间是否有什么特别的想法，是否需要与辅导员交流探讨。渐渐地，这位学生发现，辅导员不但支持大家的创新性想法，还能倾听来自同一个问题的不同声音。后来，在我工作调动时，这位学生特意给我留言："老师，特别感谢您这么长时间对我们这些同学的关注。我们一个年级有近300位同学，特别佩服您能够记住我跟其他同学不一样的地方。"这段话，寥寥数语，反映出辅导员对学生发自内心的关心关爱。

由此可见，与学生进行沟通时，辅导员既不能毫无原则地溺爱，又不能采取绝对、打压式的批评。要避免这两个极端，在沟通的过程中，辅导员需要聚焦问题，向学生耐心摆事实、讲道理。现在的大学生都是明事理的，只要辅导员能讲清、讲明、讲通相应的道理，学生也是听得进、能信服的。

 案例3

定期汇报

我曾经遇到过这样一个学生,他不愿意跟大家交流。当时,我就跟他说:"你不愿意跟人家交流,做事情缺乏行动力,感觉现在还是一个初高中学生,需要有人管着你。那么,咱们先达成一个协定,你可以把一周的生活状况简单梳理一下,每周给我发个消息。"因为他比较喜欢画画,我还建议他每周画一幅画,拍照发给我。他说:"老师,我画得很难看。"我就回应道:"你入校时填的问卷调查,特意写了爱好是画画,我相信你画得绝对要比我好得多。"就这样逐步地鼓励他,甚至有时强制要求他跟外界建立联系。他从一开始只是与同学、辅导员、其他老师进行联系,到后来开始参与一些院系的交流活动,慢慢发现,在大学里面跟老师交流也不是那么难,老师能够理解他,也能够协助他思考一些问题。渐渐地,他对与人交流建立了信心,慢慢地开始敞开心扉,可以比较友好地跟其他的同学和老师交流。

 案例4

消除不屑

我曾经遇到过一个思想很有深度的学生，知识面广，对时政有浓厚的兴趣，关注政治、民主等话题。最初和他进行沟通时，我明显感受到他对周围一切的鄙夷和怀疑态度。在他的刻板印象中，辅导员对自己所关注的话题一定知之甚少。聊天过程中，通过倾听，我大致把握了他的性格特点以及看待事情的态度，当然，还感受到了他对于我们这番谈话的不屑。因此，在以后的交流过程中，我一直保持着真诚、主动的态度，既能认真倾听他的想法，又能接着他的话茬儿跟他聊他关心的事情，比如民主的实质是什么，我们中国的民主和美国的民主之间有什么区别，我也分享自己对于这些问题的理解和体会，以及我的专业知识里所涉及的相关信息。这时，学生发现，辅导员也和他关注相同的话题，也有自己的思考，并且我的一些观点也填补了他的知识盲区。学生的态度逐步转变，由最初的不屑到另眼相看。有了这样一个"好的开端"，学生更愿意和我谈他所了解的信息以及对于问题的思考。这些谈话，不仅帮助学生打开了"话匣子"，改变了他的态度，而且谈话本身也在一定程度上达到了思想引领的目的。

四、资深辅导员对新手辅导员的建议

> 对于一些缺乏经验的辅导员,与学生的沟通,没有定式,最重要的是真诚。同学们都很聪明,你对他们到底是一种真诚的关心,还是出于某种功利性的目的——比如为了完成工作任务、因为领导的要求,或是为了给辅导员自己减少麻烦,这些他们都能够意识到、感受到。这是"道"的层面。而"术"的层面则是注意方式方法,结合自身对同学的了解,基于平时的观察,也可以结合从班主任、导师方面了解的相关情况,用恰当的方式引导同学敞开心扉。

> 可以从三个方面来看:一是要设身处地为学生着想,换位思考。受成长经历、生活环境、当下的心理状况、情绪状态等各个方面因素的影响,学生的情况各不相同。如果辅导员能够站在学生的立场或角度去思考他们目前遇到的一些问题,便能够更好地理解他。二是要感同身受,要充分理解学生面对的问题发生、发展的过程,换位思考,理解学生的感受,有错误的地方,辅导员可以去尝试帮助学生纠正,做得好的地方,也要不吝鼓励。三是要有双向的引导,既要站在学生的角度思考问题,又要超越具体的问题进行更深层次的思考,以专业的立场、视角和辩证的态度看待问题,引导学生用正确的方式自主解决问题。

年轻的辅导员在与学生沟通之前，应该多下功夫、做足功课，熟记学生的基本信息。摸清底细，在谈话中才能更有底气。当你能在沟通中准确地说出学生的基本信息，就有可能在不经意间打动学生。如果我们能够预判学生可能遇到的困难，并主动询问，这在沟通中绝对是加分项。他们会觉得，老师"懂我"。当学生体会到我们对谈话的重视、对他们的尊重时，便能放下戒备，以更好的状态投入到与我们的交流中。双方的重视与真诚投入，是开展有效沟通的第一步。

在与学生沟通过程中，我们要多倾听。当今的学生，思维活跃、眼界开阔，他们看待事物和分析问题往往有自己的一套逻辑，并且有些时候会陷入自身固有的认知闭环里。交流过程中，如果我们尚未完全掌握学生的逻辑脉络，就一味输出与说教，学生一旦发现我们存在逻辑漏洞，往往会直接击破，导致我们在沟通过程中处于被动状态。相反，如果我们耐心地倾听，待学生完整地阐述自己的观点以及对于问题的理解，抓住他们的逻辑漏洞，或者是看待问题的单一思维，由此入手，能更有效地占据谈话主动权，更好地把控沟通节奏。

> **延伸阅读**
>
> 〔美〕吉拉德·伊根：《高明的心理助人者：处理问题并发展机会的助人途径》(第八版)，郑维廉译，上海教育出版社2008年版。
>
> ● 本书是全世界最流行的心理咨询教科书，已经被译成8种文字出版。
>
> ● 本书提供的助人模式不是某个流派，而是心理咨询的基本工作框架，它可以帮助我们发掘和整合各种心理咨询的流派与实用方法。
>
> ● 本书提供的助人模式是解决问题的基本方法，可以广泛地应用于解决各种生活中遇到的问题。
>
> ● 本书细致而透彻的阐述，配以典型且丰富的案例，为助人者提供了极具操作性的方法，并为解决各类问题提供了有益的借鉴。

第二节　辅导员与学生家属沟通要点及注意事项

一、什么时候辅导员需要与学生家属进行沟通

当遇到一些重大事件，比如心理危机、意外受伤等突发情况，必须告知监护人，辅导员便需要与学生家长进行沟通。按照法律规定和校纪校规等方面要求，一些重大决策，比如住院、手术、退学等情况，必须由监护

人来签字和办理，而作为辅导员，哪怕再热心、再想帮助学生，也必须明确自身没有监护权，因此绝不能越俎代庖。当学生出现了重大学业困难，已经到了学业预警、可能面临退学的时候，辅导员同样需要提前告知家长，与其进行沟通，为家长"打预防针"，希望能家校联动形成合力，共同帮助孩子完成学业。倘若家长毫不知情，最后突然告知其孩子因挂科过多被退学的消息，家长很可能一时难以接受这样的事实。

当然，可能还有一些事情处于重大事项的边界，比如学生虽然现在存在一定的自杀风险，但是还没有达到《精神卫生法》要求的、必须由监护人来进行陪护的程度。这种情况下，辅导员是否通知、联系家长，需要根据具体情况具体分析，慎重讨论、把握分寸。在这种模棱两可的情境之下，辅导员考虑问题的时候，有两个重要的思路：第一是考虑必要性。如果学生面临的问题，他自己能够解决，他自己意识到错误，或者他自己能够去纠正、去改变，那么这种情况则没必要一定与家长联系，可以鼓励学生自己解决问题，毕竟高校最主要的职责仍然是教书育人，还是要培养学生自主解决问题的意识和能力。第二是考虑有效性。联系家长之前，辅导员不妨先思考，当前所处的情况与学生家长沟通联系，对于解决当下问题和教育引导学生是否切实有效，如果有帮助，那么便可采取适当的方式与家长沟通。如果辅导员发现，家长的介入只会激化矛盾，让事情的发展面临更大的危机，那么最好还是避免直接通知家长。

当代学生成长过程中，家长在他们身上倾注了极大的关注。上大学以后，有些家长在精神上无法"断奶"。不少家长们甚至自发组建了微信群，并邀请辅导员、班主任等老师加入。但在这种情况下，辅导员应做好权衡，避免陷入"孩子凡事找家长、家长凡事联系辅导员"的境地。辅导员的出发点，是为了让孩子学会独立自主，成为一个能对自己负责、能自行解决基本问题的"大人"。因此，通常不建议辅导员加入家长群。相反，辅导员应积极引导家长鼓励孩子，有事情尝试自己解决，逐渐掌握独立生活的本领，并学会与家人分享，让家人安心。

二、与学生家属沟通过程中的常见困难

当今绝大多数学生是独生子女，从小一直生活在父母身边，从未出过远门，甚至在上学前从未体验过住宿的集体生活，导致一些家长对于孩子有很强的控制欲，亲子关系过于亲密。很多家长把对于已进入大学阶段、成人阶段的孩子仍然当作无法照料自己的幼儿来看待，同时也要求辅导员替自己的孩子代劳很多事情，把辅导员当成保姆一样驱使和命令。这类父母对于辅导员的预期与辅导员本身的工作职责存在巨大的鸿沟和差异，与其沟通的时候，容易出现矛盾和冲突。

有些家长自我感觉足够了解孩子，当辅导员介绍孩子在校情况时，他们往往持怀疑态度，因为辅导员对自己孩子的"画像"，与他了解到的或者跟他心中孩子的形象，存在较大出入。还有一类家长，认为自己更懂教育，一是在自己十几年的教育之下，孩子考上了很好的大学，自己育儿方面自然"有一套"；二是有些家长涉猎了教育学或者心理学知识，也许了解并不深入，但自认为"有点基础"，不认可辅导员对于自身孩子存在问题的分析。当然也存在这样一种极端，部分家长可能因为工作较忙等原因，孩子成长

过程中缺位较多、关心不足，对于孩子的了解也较为片面，他们认为孩子在学校里能吃饱、能上课，这样就足够了，其他问题在他们看来都不值一提，这类家长容易对辅导员、对学校有过高的期待。

在与一些出现危机情况的学生家长进行沟通的过程中，有的家长难免情绪激动，认为学校未能管好自己的孩子，或者认为老师对孩子的关心不够到位，才导致学生出现这样或那样的症状和心理问题。在与辅导员或是学院领导沟通时，他们一开始便站在与学校、学院相对立的立场上，不配合学院的工作，也不认可学院提出的意见和建议。

还有一部分家长可能由于个人工作或交通原因，无法立刻前来学校见到自己的孩子，感到非常焦虑，进而反复催促老师，或是不停地联系自己的孩子，采用短信和电话"轰炸"的方法，不但无法解决问题，反而会给学生本人造成更大的心理压力和情绪波动。

三、与学生家属进行沟通的有效方式方法

跟家长沟通的时候，辅导员应该注重沟通策略和方法，坚持实事求是的原则，通过摆事实、讲道理的方式，让学生和家长明白犯错并不一定会导致严重的后果，大学期间对于一些非原则性错误是有包容度和容错率的。

与家长沟通，首先要抓住对方的关切点，让他们先冷静下来，然后用我们的工作数据、具体工作案例进行说明，逐步取得信任，最终明确校方、学院、辅导员以及家庭共同的目标，都是为了让学生变得更好，使事情的

解决能有一个更圆满的结果，让学生更平稳地成长成才，将来为国家、为社会作出更大贡献。

辅导员需要了解并遵守职业准则，明确其主要服务管理对象是学生，把握与学生家长工作的边界。新手辅导员对于边界的把握，时常存疑，比如一个学生出了非危急状况，但家长对学生的状态特别关心，是否立即回应、如何回应、与状况本身关系不大的信息是否回应等，这些问题对于新手来说，都极具挑战性。针对这种情况，要把握一个总的原则，辅导员辅导的对象是学生，不是学生家长。在一些具体的问题上，需要学生家长的配合，但是，家长绝对不是辅导员的工作主体。因此，辅导员关注的重点仍然应该放在学生本人身上，必要的时候辅导员是需要与家长进行有效的沟通，但是必须明确界限、树立边界意识，将家长应履行的责任和义务明确归还给家长，不能过度承担本应属于家长的职责。

除此之外，与家长沟通过程中，秉持真诚的态度也是不可忽视的关键因素。无论家长是否有过激的言辞，或者说面对辅导员这样的"晚辈"时态度怠慢，辅导员都不能忘记沟通的初心——是为了学生的成长与发展和家长进行沟通。因此，这个过程中，辅导员心里一定要保持警觉，那些必须让家长明确知道、明确了解的信息，无论是迫于压力还是担心家长未必接受，辅导员都应当明确且清晰地传达。无论家长如何偏离主题、如何打断，辅导员都要坚持达成沟通目的的初衷，顶住压力，尽可能地完成每一次有效的沟通，态度真诚、立场坚定、坐得住、稳得住。

四、辅导员与学生家属进行沟通的成功案例分享

 案例1

缓和愤怒

之前有一位博士生在寝室试图服药自杀。一开始,我们一直无法与他的家人取得联系。这位学生情况比较特殊,家里兄弟姐妹众多,但他与家人关系紧张,几乎不与父母联系。他醒来后,通过沟通,我们获得了该学生三姐的 QQ 号,与他的家人取得了联系。学生的三姐和五姐一起从老家赶过来,情绪特别激动,认为自己的弟弟出现这样的情况是学校的责任、导师的责任,对我们态度很恶劣。但我们从头到尾都在关心这位学生,包括陪医就诊,与心理中心联动,为学生提供心理咨询等服务。在这一系列工作开展的过程中,我们一直非常妥善地保管工作记录,不论是与学生在群里的聊天记录,还是陪学生就医的病历照片存档。当我们向家属展示这些工作证据后,他们的态度有了明显的转变。此后,在办理休学手续、咨询相关政策等方面,我们持续积极地为学生沟通协调,也关心学生之后的就业、实习等问题,让学生看到除了科研以外的生活中存在的更多的可能性。因为感受到了学校和老师的关心,家属也从一开始的愤怒,到逐渐理解,最后也向我们表达了感谢。

 案例2

耐心疏导

　　我记得当年遇到过一名学生，偷窃室友物品，室友报案，学生被带到了派出所。我们随即通知了学生的母亲前来处理此事。这位学生的母亲到校之后，情绪极为激动，特别不理解，完全不相信自己的孩子会有偷窃的行为，一再表示一定是学校弄错了，冤枉了自己的孩子。在沟通过程中，家长反复强调，孩子在家以及小学、初中、高中时期的表现一直十分优秀，这样的事情绝对不会发生在自己的孩子身上，拒绝接受现实，一味偏袒。当时，我并没有立刻反驳这位家长，而是先耐心地倾听，待她的情绪逐步平复。然后，我陪着她仔细回忆一遍孩子从小到大的一些事情，发现同样的事情在家里面也是发生过的，他也曾偷过家长的钱，只是父母从来不在意。最后，我将学生带到家长面前，学生也主动承认了错误，和母亲有了较为深入的沟通，母亲终于接受了现实，和辅导员一起讨论之后如何帮助孩子更好地成长。由此观之，与家长沟通的时候还是应该讲究策略，讲究方式方法，坚持实事求是的原则。

案例3

表明态度

我有一个特别有感触的经历,当时陪同一名来自县城的学生在医院做检查,最后确诊为抑郁状态。当时,我电话联系其家长想了解一些情况。电话那头,我能明显感受到学生家长的焦虑和手足无措之情。告知家长相应的信息后,我温和地安慰他们:"不要太着急,现在医学条件这么发达,如果遵照医嘱,配合治疗,是可以逐步康复的。在孩子患病之前,我们身边也有学生战胜抑郁的先例。孩子只是心理上生病了,无论抑郁的程度如何,我们都要勇敢面对问题,积极寻求处理方法,当今的医疗条件是有解决方法的。"可能我说话的声音让对方明显感觉到,我还是个年轻小伙子,当时,家长反问我:"老师,我听你的声音,不知道你结婚没有,你自己有没有孩子?"对于这样的询问,我虽稍有意外,但也能理解家长在焦急中的关切之情。

我承认自己尚未成家立业、没有孩子,因此可能无法完全体会父母的心情。同时,我坚定地告诉家长,我确实在用自己的行动,尽可能设身处地关注他们的孩子。接着,我也自信地和家长说:"论孩子数量,您家可能只有一个,但是在我这儿我面对的是200多个,他们大多已满18岁,我从来不会把任何一个我带的学生完全当成孩子看待,他们从进入大学的那一刻开始,就需要学会对自己的行为负责,他们都是成年人。大学时期是塑造个人价值观、人生观和世界观的关键时期,将来从象牙塔踏入社会后,同样需要为自己的行为负责。"我的行动表明了自己的态度和立场,也说明了学校的育人初衷。之后,家长也开始正常配合学校的工作。

 案例4

真诚沟通

此前,有一位家长认为自己已经对孩子足够了解。当我如实反馈孩子的在校表现时,一开始,家长对我的话持怀疑态度,认为我只看到表面现象,并非真正了解他们的孩子、"懂"他们的孩子。面对这样的情况,我先是调整了自己的心情,避免生气,更没有灰心。我一以贯之地保持真诚的态度与家长沟通,久而久之,他们确实也看到了我的态度、感受到我对孩子的关心,说话的语气缓和了许多,开始配合学校的工作。

当然,真诚并不是一味地迎合与讨好。我们的真诚,体现在日常的点滴积累、对孩子成长的细微观察上,并且做好记录、留好台账。比如,日常的谈心谈话记录、寝室走访、班团活动的照片,学生的成绩单,聊天记录等材料,这些都是与家长沟通时非常有说服力的。你认为我们不够关心你的孩子,事实上,我们一直在借助各种机会,与孩子接触、关注孩子成长;你认为我们不够了解你的孩子,谈心谈话中我们所获取的信息,也许是孩子成长至今都不曾向你们袒露的。但我们把工作做精做细、做深做实,都是为了在关键时刻有理有据、有的放矢,最终也是为了形成多方合力,帮助孩子成长成才。

 案例 5

共情家长

有些新生家长与孩子一样,头顶光环,并且对孩子抱有很高的期待。他们认为,孩子在高考的千军万马中脱颖而出,上了大学也理应能一如既往地优秀。但事实上,在新的竞争环境里,孩子身边高手如云。很多孩子脱离了父母的管教,变得信马由缰,甚至部分学生出现了学业困难,一个学期下来就进入了学业预警名单。巨大的落差导致学生产生了心理困惑,他们开始自我怀疑、自暴自弃,无法接受现实。当我们联系家长时,一开始,家长根本不相信自己的孩子会有不及格的记录,也不愿面对孩子出现的心理问题。这时候,我们既要共情家长的焦虑,安抚家长的情绪,又要耐心做家长的工作,让家长明白,在人才济济的环境里,成长的第一课便是学会接受自己的不完美。我们也向家长普及了相关知识,告诉他们抑郁情绪、焦虑情绪在大学生甚至是大城市的上班族身上都很普遍,轻度的抑郁是可以通过专业治疗而逐步康复的。孩子就医期间,我们也和家长保持联系,并结合日常谈心谈话里对于孩子的了解,与家长进行了充分的沟通。渐渐地,家长接受了事实,并陪伴孩子接受治疗,一段时间后,孩子也调整好了心态,重新投入后续的学习生活中,目前状态平稳。

五、资深辅导员对新手辅导员的建议

> 对于缺乏经验的辅导员,首先要有自己的原则和底线,其次要让家长和我们保持统一战线,切记不能搞家校对立,一定要形成合力帮助学生。

> 当我们与家长沟通,以处理学生的问题时,很多时候都需要经过反反复复、多轮的交涉,问题的彻底解决过程可能会持续很久。在与家长沟通的过程中,我们应当让家长感受到我们对学生的了解,以及展现出我们作为辅导员的专业性,这样,家长才能慢慢地接受我们。

> 与家长沟通过程中,一定要保持真诚。无论如何,我们都是站在给学生、给孩子解决问题的立场,向着同一个目标前进。我们与家长并非站在对立面,只有让家长感受到我们的真诚,才能更顺利地开展后续的工作。在操作层面上,一方面要我们互相信任、彼此真诚,另一方面,我们该做的工作记录,该留的工作痕迹也必须要有。规范的流程、有效的沟通不仅有助于我们进一步开展工作,还能够在陷入纠纷时帮助我们更好地保护自己。

> 沟通过程中，要始终坚定立场。相较于学生家长，新手辅导员可以说是"涉世未深"。会有一部分家长深谙处世之道，有些时候顾及孩子的利益，容易模糊原则界限。在与家长沟通的过程中，辅导员一定要坚持自己的原则，向家长清晰阐述我们职责范围内能够提供的帮助、无法达成的事项、学校的规定以及必须遵守且不可触犯的内容，切忌轻易作出承诺或者过度共情大包大揽。很多时候，我们只能在自己的岗位上尽到相应的职责，给出合理的建议，最终还是需要孩子与家长自行作出决定。问题的解决除了需要我们全力以赴，也需要孩子行动起来，双方共同努力。

第三节　跨院系沟通与合作的方式方法

一、什么情况下会出现跨院系的沟通与合作

通常有两种情况，辅导员需要进行跨院系的沟通与合作。第一种情况是学生之间发生矛盾冲突，比如宿舍关系问题、恋爱纠纷，甚至网络争执等情况。不同学院的学生彼此之间出现利益冲突，可能需要学院层面进行沟通，了解情况，并一起来协调处理和解决冲突。第二种情况是某个学生有过转系或者转学院的经历，而之后又出现了某些相对严重的问题，比如思想问题或是心理危机。这个时候，该学生目前所在的学院就需要与前一

个所在学院进行沟通,了解该学生之前的具体情况,以便对该学生进行更精准的引导和帮扶。

二、跨院系沟通过程中的常见问题

跨院系沟通的最大障碍在于,在很多时候,辅导员仅仅站在自身院系的立场看问题,难免偏袒自己所在院系学生的利益。

三、跨院系沟通的要点

当涉及跨院系的问题时,很重要的一点在于,哪怕来自不同的学院或者部门,参与跨院系沟通的人员都一定要秉持实事求是的原则,尊重规则,用事实说话,不偏袒、不隐瞒,就事论事。

四、跨院系沟通的成功案例分享

 案例

> **解决现实困境**
>
> 我们院系与 H 院系的学生同寝。H 院系的学生怀疑室友投毒。寝室时有争吵,导致整个寝室的学生都无法正常休息,宿舍矛盾尖锐。H 院系的学生还联系了室友的家长,就这一问题进行交涉,给室友和家长带来了极大的困扰。针对此事,我们也和 H 院系进行了充分沟通。

但是，院系确实也有自身的难处，反复沟通后，依然无法做通学生的工作，最后我们帮助学生申请了调换宿舍。在撰写申请书的过程中，学生感到情绪得到了释放，之后生活也逐渐回到了正轨，没有让事态进一步恶化。

五、资深辅导员对新手辅导员的建议

任何时候多沟通都是很重要的，尤其是遇到跨部门合作的时候，先不要着急解决具体的问题，而是先联动各个部门，了解学院的诉求和意见，大家一起讨论，形成最优的解决方案，争取平衡好、兼顾到各方的利益，有更好的结局。

对于年轻的辅导员来说，涉及跨院系沟通，协同解决学生问题时，建议首先跟所在学院的分管领导汇报相关情况。一方面，寻求指点，从更大的格局、更全的角度看待和思考问题；另一方面，很多跨院系交流沟通的事情，由分管领导出面，会比辅导员自己出面更方便一些。领导和领导之间直接沟通，能节省很多反复传话的过程，比辅导员之间的沟通更为顺畅。之后，辅导员可以遵照共同制订的解决方案，相应地做一些辅助性的工作，也许更有利于问题的解决。

第四节　应激突发事件的处理流程及经验

一、高校应激突发事件的常见类型

辅导员日常工作中，经常会遇到应激突发事件。比如，我们常见的网络舆情，其范围包括校内和校外的网络媒体平台。同时，也会遇到意外受伤、自杀未遂等紧急情况。除此之外，还有一些意外伤害，比如在运动场上，一些同学剧烈运动前不热身，或者做一些危险性很高的运动，出现了骨折、摔伤或扭伤等情况。

二、对高校应激突发事件的处理流程

处理应激突发事件的过程当中，最重要的是保持足够冷静，很多人在遇到危机时会比较慌张，尤其是人命关天的时刻。然而，在极度紧张的状态下，人的思维会受到极大的限制，很容易考虑问题不够全面。比如，运动损伤后突然晕厥，若未经冷静思考便立即移动伤者，极有可能对其造成二次伤害。又如自杀行为，如果不能冷静面对、认真分析，或许我们连学生的行踪、当前所在地都无法及时判断，由此引发不可估量的后果。处理过程中，辅导员同样会面临一些问题，比如，学生能否成功营救，甚至需要面临一些法律方面的问题。因此，在问题处理的全过程中，首要之务是保持冷静，并坚持将生命安全和身体健康置于第一位。

危机处置现场,如何与学生进行有效的交流和沟通也是辅导员面对的一大难题。学生一旦出现了自杀或者自残的行为,说明他可能在心理上、情绪上遇到了非常大的困难,这个时候,如何聊,怎么说服他接受帮助,怎么劝说他去医院就医,以及如何鼓励他坚持后续的咨询和治疗,都是我们需要面对并妥善解决的问题。

处理应激突发事件的关键是,第一时间抵达现场,第一时间到达学生身边,给予学生有效的帮助和陪伴。后续,学生可能还需要前往医院治疗等。在此期间,与家长沟通、向学校汇报,这些都是必要的工作流程。如果学生实施了自杀行为,在医院治疗出院后,回归校园的初期,对辅导员而言,是更为关键的时期。辅导员务必抓住此关键期,对学生进行心理干预。通常,辅导员要先请心理中心的老师进行评估,然后陪同学生到专业的医院进行检查,并在专业医院进行心理层面的进一步治疗。

学生出现危机,辅导员通常需要 24 小时陪在他们身边。因为那个时候他们是最需要陪伴和照顾的,也是最需要感受到被关心、被重视的。陪伴过程当中,辅导员应该逐步向学生灌输接受治疗的重要性,和学生探讨生命的意义、生命的价值,分享自己对于生命的感悟和体验。在医院接受治疗和后续的陪伴可能要经历很长一段时间,因此辅导员会很难得地拥有相对较长的时间,静下心来和学生交流,这个时候,只要辅导员讲得清,学生通常也能听得进。

对于网络舆情的处置,经过多年的探索,辅导员摸索出了较为成熟、完善的应对流程。

第一,稳定情绪。在面对网络舆情,特别是网络传言涉及学院工作或者辅导员本人的时候,辅导员常常容易陷入恐慌之中。很多辅导员的第一反应通常是在网络上予以回击或是进行解释。但这个时候,冲动性的反应

第四章
辅导员工作实操流程及经验总结

往往起不到最佳效果,甚至还可能适得其反。辅导员首先应该做的,是第一时间稳定自己的情绪。事实上,很多人在网上发表舆论,更多是为了反映自己的诉求,即便是表达具有攻击性,也不一定是完全针对辅导员个人,更多是一种造势的手段。在看清这一表象之后,也许辅导员可以更好地将自己从情绪的漩涡中抽离,更理性地看待整个事件,而非急于与当事人进行无谓的争执。

第二,汇报上级。辅导员要控制住自己想要即刻回应的冲动,不要独自决定下一步行动,而是要尽快地将相应情况汇报给所在的学院或者部门领导,大家一起分析事情的发展,共同制订下一步计划。一个人做决定很容易受到情绪和个人利益的控制,往往不利于全面看待问题。这个时候,辅导员要坚定地相信组织的力量,大家群策群力,共同讨论、商议。在这个阶段,辅导员也要尽快将自己之前的相关工作情况,以书面形式上报给领导。之前工作的基础越扎实,后续处理的方案也会越简单。但如果辅导员在之前的工作中确实存在纰漏,切勿试图隐瞒,务必实事求是,如实向组织和领导汇报。根据实际情况,进一步讨论补救的措施和方法。

第三,积极联系当事人,沟通了解情况。对于网络舆情处理,较为有效的方式,还是由发帖人(爆料人)主动删帖或者自行出面澄清。因此与当事人进行及时、恰当的沟通,争取将发帖人拉到自己的统一战线当中,是至关重要的一个环节。当事人选择在网上制造舆论,往往都带有较为激动的情绪,因此,在与当事人沟通的过程中,务必要注意尽量避免与当事人进行争论或者对其进行批评,而是要尝试去理解和抚慰当事人的激动情绪,当对方情绪平复之后,再继续讨论当事人的诉求和主张,探讨后续的解决方法。

第四，多部门合作。必要的时候，辅导员要主动与其他部门进行沟通，尝试共同讨论后续方案。如果当事人的诉求还牵扯到其他部门和单位，辅导员最好也与其他兄弟单位保持沟通，了解相关政策法规。必要的时候，甚至可以建议相关其他部门与当事人建立联系，共同讨论后续解决策略。一方面，我们可以沟通和协调的部门越多，就意味着拥有更多的资源可以利用。另一方面，辅导员积极与其他部门的协同工作，也是在向当事人释放一个信号，证明我们作为学生工作部门，确实是在努力为学生解决问题，这种态度对于当事人情绪的缓解也是十分有利的。

第五，由组织出面进行正式回应。如果舆论所涉及的内容，指向组织单位的某些核心立场、原则和流程，或是舆论中涉及明显的歪曲、造谣，以及对个人的人格侮辱和伤害，那么，在经由多方讨论和协商之后，也可以由组织出面，以官方的口吻进行回应和驳斥。在官方回应当中，可以尝试多列举一些事实和证据，以驳斥不当的谣言。同时，也可以将组织的一贯原则和工作流程体现在回应的内容中，或是摆出愿意与当事人沟通的姿态，邀请当事人或者热心网友进行面谈或者电话沟通。总之，辅导员的姿态越是实事求是和坦诚透明，在舆论中的口碑越是良好。

第六，及时总结问题和修复工作漏洞。很多时候，舆情问题背后常常隐藏着更多工作上的漏洞。所以，当舆情渐渐平息下来之时，并不代表我们的学生工作已经圆满完成，而是需要在总结的基础上去发现问题和修复问题。有些时候，学生在网络上攻击、指责个人或者学校，虽然是一种极端的、缺乏理性的行为，但这种指责也未必全是空穴来风，甚至有些意见是真实和恰当的。那么，辅导员应该摆正心态，坦然接受学生的合理批评和有效建议。如果可以，在管理规定和制度层面进行修改和补充，也是我们应采纳的方式。

三、舆情管控事件的成功案例分享

 案例

一只刺猬引发的舆情

我们学院办公室有一天接到两个男同学的电话反馈，说自己的室友 M 行为异常，他们很担心 M 存在精神疾病，甚至会对自己产生危险。在这两名同学的叙述当中提到，M 个人卫生很差，不但自己长期不洗澡，还在宿舍堆放大量垃圾，把宿舍弄得非常脏乱、气味难闻。除此之外，M 还违反宿舍管理规定，偷偷在宿舍饲养小刺猬，而这些小刺猬经常养了几周就忽然消失，同学们怀疑 M 把养的刺猬给吃掉了。这些情况都让同宿舍的几位同学感到十分恐慌。

学院接到学生的投诉电话之后，第一时间联系 M，试图了解情况。一开始，M 一再否认自己吃掉了刺猬。后来，在大量的事实证据面前，M 承认自己吃掉了刺猬，但是以"自己身体有病，需要吃刺猬作为一味药来调养身体"进行辩解。辅导员对 M 进行规劝，明确了不能在宿舍内饲养小动物，更不能在宿舍用公共设施来烹制药材等规定。M 表示接受，从此之后也没有再发生类似的投诉事件。

M毕业离校之后，M的另外一名室友，在学校BBS上曝光了M的种种行为，一时间，帖子热度骤升，这一事件在校内引起了广泛关注。随后，M的一些个人信息被不当传播，并受到了网络上的批评。更为复杂的是，M本人也在BBS上进行了回应，并且发表"是辅导员同意我吃刺猬肉"的言论。这一说法被部分网友误解，进而对学校辅导员和学院产生了质疑和攻击。学院第一时间联系了在网上发帖的学生，该学生表示，自己只是单纯地想要表达对M的行为不满，因为和M共处一室四年，积累了大量的负面情绪，导致毕业之后在网上进行了发泄，并表示没有删帖的意愿。

面对这种舆论沸腾的情况，学校主管领导召集宿管、M所在学院以及网络管理部门共同商量解决方案。学院辅导员拿出了之前与M进行多次沟通和规劝的信息证据，领导也认可辅导员在M在校期间所做的工作。最终大家共同决定，考虑到M已经离校毕业，且网络舆情更多针对的是M个人，没有涉及污蔑学校及损害其他个人人身尊严的情况，所以暂时不考虑由学院公开信息进行回复，也不适合强硬地直接删帖。而是由网络管理部门出面，私下联系了几个言语较为激烈的网友，表示想要约见他们和解释相关情况，但几位网友都拒绝回复。后来约见了版面的版主，解释了处理结果。最终，这个帖子的热度随着时间推移逐步降低，一个月后终于不再被提起。

四、资深辅导员对新手辅导员的建议

关于应激突发事件处理技巧的学习,建议辅导员在日常工作中尝试进行一些案例分析或督导,另外也可以组织一些应急预案并参与演练,先预设可能出现的问题,而后有针对性地制订相应的处理方案和实施流程,通过不断推演、反复练习。养兵千日,用兵一时。只有平时有足够的积累、深入的思考,问题发生时,我们才能更从容、更高效地应对与处置。

对于缺乏经验的辅导员,处理应激突发事件时,第一,要做足准备,提前学习并了解危机处理的规范流程。第二,一旦危机事件发生,务必要第一时间到达现场。同时,应及时向学院领导准确汇报,尽快组织成立危机事件处理小组,在组内进行有效而专业的沟通。一般情况下,一个危机事件的处理,单凭辅导员一己之力难以完成,尤其是对于年轻的辅导员来说,他们本身也需要很多的支持和指点,这个时候,团队协作的力量是非常重要的。

> 处理应激突发事件,第一件事情是及时上报。而后,迅速赶往现场。处理危机事件,既要保护好学生,安抚学生情绪,稳定事态;也要保护好自己,工作留痕。此外,尊重法律法规,尊重校纪校规。危机处置的过程中,如果有自己无法定夺的事情,不要着急给出答复,多请示、多确认,我们的目标不仅是把事情处理完,更是要把事情处理好。

第五节 辅导员如何进行自我关照

一、高校学生管理工作的问题与困难

高校学生管理工作的难点在于,每一代学生都有其独特的时代特点,他们在个人喜好、价值取向等方面均存在差异。当今的学生是真正的"互联网一代",他们会接触到五花八门的信息,结识各种各样的人,所处的社会环境也更加多元化。辅导员的思想引领工作不仅要将学生陪伴好,确保他们健康成长,还要做好思想工作,促进他们更好地发展。因此,辅导员队伍也要不断学习、不断成长。如何把握不同阶段学生的特点,提升思政工作的实效性,可能是辅导员面对的最大难题。因此,辅导员的工作需要因事而化、因时而进、因势而新,根据学生的变化,不断更新工作理念、改进工作方法。

高校学生管理工作的另一个难点在于，很多时候，校方会把辅导员的工作和"保姆"角色混淆，导致高校学生工作呈现出低龄化、幼稚化的趋势。有些高校的辅导员甚至抱怨，自己就像保姆、月嫂一样，甚至需要替学生收拾房间、更换被罩。但辅导员的工作绝非保姆式的服务，如果有一天，发现自己做事大包大揽，每天焦虑于学生是否吃饭、是否上课、是否按时完成作业等琐碎事务，这就意味着你的工作方向发生严重偏离，本应该关注的学生思想问题、心理问题，甚至个人能力培养问题都被忽略了。辅导员一定要警惕这种工作趋势，切勿把自身工作完全当成学生事务性工作。辅导员又称思政辅导员，学生的思想政治工作是根本，事务性工作多数时候只是载体。有了良好的载体，一切工作的推进要始终贯穿"思政引领"这一宗旨的指引。

面对当今"内卷"的大潮，如何引导学生摆正心态，也是辅导员应当深入思考的问题。在竞争越发激烈、压力多重叠加的今天，出现心理问题的学生数量也在日益增加。很多学生入学后，依然保留着初高中时期的心态，以应试教育的认知模式面对大学阶段的学习。当被他人赶超，无法如从前一般继续处于领先地位时，其心态便开始失衡，陷入迷茫和反复的自我怀疑之中。辅导员应积极引导学生守正道、走大道，在关注他们思想动态的同时，也要密切关注他们的心理健康状况。学生的心理健康教育也日益成为思政引领的重要组成部分。

二、高校辅导员进行自我关照的方式

作为一名高校的辅导员，很多时候都是处于 24 小时待命的"007"状态。辅导员担心学生出事，担心意外发生，背负着巨大的压力，神经通常处于紧绷的状态。但不论辅导员的初衷多么美好，为学生服务的热情多么高涨，辅导员也要明白，自己也只是一个普通人，也一样会因为过度的压力和疲劳，产生各种生理或心理问题，有些辅导员甚至会产生职业倦怠和耗竭感，最终带着怨恨离开这个行业。为避免这种情况的发生，为了让每一位热心学生工作事业的辅导员职业道路可以走得更加长远，自我关照成了辅导员必须做的事情。那么，如何在高强度、高压力的状态下，调整自我的状态，更好地保持身心健康呢？有以下几种方式可以尝试。

第一，提升自己在工作当中的成就感和树立正确的价值观。相信很多人都是怀揣热爱加入这支队伍，因为这不只是一项工作，更是一份育人成才的伟大事业。辅导员工作虽然繁重，但也可以给人带来强烈的成就感。一方面的成就感，可能来自一份丰实的年终总结，回望走过的一年，你发现自己帮助过如此多的学生，能够看到他们的成长和变化，同时也对他们前行的道路、未来的发展起到了相应的引领作用，他们的大学生活有你影响的元素和帮扶的印记，那个时候内心一定充盈着无可言说的幸福。比如，学生危机事件的处理，就是危及生命的事。之前，一位辅导员曾经历过学生站在校园的楼顶上给他打电话，他在电话里想尽办法把学生劝下来。这件事对他的触动非常大，也是让他最终选择辅导员工作的一个重要原因。另一方面的成就感，则来自这份工作之于整个国家、社会，甚至是时代的重要意义。要知道，意识形态领域的工作，如果辅导员没有怀着坚定信念和信仰去引领、去凝聚，就会有其他势力与我们争夺；我们不率先占领意识形态领域，敌人自然会乘虚侵入本该属于我们的阵地。毫不夸张地说，这份工作关乎我们党、国家和民族的未来，深刻影响着这一代青年人今后的样态，也将在很大程度上决定中国10年、20年甚至30年后的风貌。

第二，学会合理拒绝。面对学生家长，在必要的时候，辅导员可直接讲明自己的职责范围。面对超出辅导员职业边界的东西，辅导员可以大胆说不。这在家长看来可能"不近人情"，但是，盲目超越自身能力范围的大包大揽，对自身来说只能是更大的消耗，一味服从、一味接受家长的安排，"被家长牵着鼻子走"，非但不利于树立辅导员的威信，反而会削弱学生的自主解决问题能力。比如，当学生家长因孩子退学问题产生焦虑情绪，在凌晨 4 点给辅导员拨打微信语音电话时，辅导员在了解了具体情况后，不能一味地妥协、纵容，而应严肃地告诉家长，这不是危机事件，无法在这个时间点交谈，请家长上班时间拨打办公电话。对于确实不在辅导员职责范围之内，且并非依靠一己之力就可以推动和改变的事情，辅导员也必须向学生做好说明，并做好学生的安抚及疏导工作。

第三，高效利用与管理时间。辅导员需要处理大量琐碎的日常事务，成块的时间时常被分割。为了提升工作效率，让各项工作有条不紊地进行，辅导员同样需要形成并优化自身的时间管理方式。比如，在月初，应提前在工作日历上把各项例会、各种值班清晰地标明，一方面做好提醒，另一方面也能更加清楚地了解自己本月的整体工作安排。对于同类的学生事务，比如门户上的亲友预约，辅导员可以每天下班前利用固定时间进行审核；公邮中的邮件，辅导员也可以在特定的工作时间统一查看和回复。一旦拥有成块的时间，辅导员可以把最重要、最紧急的事情集中精力优先完成。高效利用时间，是为了更好地留出休息、充电的时间，也是实现工作与生活平衡的基础。

第四，辅导员还应学会主动寻求帮助。除了上文提及的问题，危机事件的处置需要整个办公室、整个学院、整个学工系统甚至是跨部门的紧密协同。辅导员在日常工作中，也要学会适时寻求帮助。一方面，辅导员可以积极寻求学生助理的帮助，有些事情可以让学生助理与辅导员一起分担，既锻炼学生助理的工作能力，增进其对于学生工作的了解，又能为辅导员节省部分时间，从而更专注于更重要的事项中；另一方面，辅导员要积极寻求同事的帮助，在协作的过程中也是学习他人沟通技巧、提升危机处理能力的良机，尤其是基层一线经验丰富的辅导员，他们对于处置的流程、学生的特点、事态的发展、潜在的风险点有更深入的认识和更精准的把握，有了他们的指导和帮助，辅导员的工作会更加得心应手。除了学生与同事，涉及其他部门的工作，辅导员也应该积极沟通协调，这并不代表辅导员"能力不足"，相反，这是辅导员良好协调能力的展现。同时，也体现了辅导员对学生的重视，通过跨部门的沟通协作，有助于辅导员进一步加深对学校各部门、各系统运转机制的了解和认识。

第五，要积极寻找适合自己的解压方式。辅导员时常告诉学生，要学会为自己减压，辅导员自身同样要掌握有效为自己解压的本领。比如，可以培养或者说重拾自身的兴趣爱好，业余时间画画、插花、摄影等，都是绝佳的解压方式；还可以在周末的时候，抽出半天时间，暂停工作，看看书、听听音乐，把时间和生活还给自己；假期出门旅行，在大好河山中放松身心、开阔眼界，也有利于缓解工作中累积的压力。每周坚持锻炼身体，在缓解压力的同时，强健体魄。留出时间解压，为自己赋能，并不是说辅导员在"划水""工作不饱和"，相反，这是积蓄力量、恢复元气的过程。倘若辅导员能做好工作与生活的平衡，对于学生来说，同样是一种良好的示范和无声的教导。

育人者，先自育也。只有辅导员保有健康的心态、维持良好的状态，才能更好地去带动学生、影响学生。最重要的一点，辅导员要学会努力寻求工作和生活的平衡。工作中，应厘清思路，提高效率；一旦脱离工作，那就好好享受难得的闲暇。辅导员的工作确实繁忙且琐碎，但务必要避免无意义的消磨和消耗。辅导员的工作状态，学生其实都看在眼里。很多时候，面对学生，虽然辅导员的疲态无法掩饰，但是辅导员的正能量也一定可以直接传递给他们。要给学生传递能量，辅导员首先要学会为自己蓄电储能。

三、对高校学生工作的开展建议——构建支持与挑战共存的系统

纳威特在其有关大学生人格发展的著作中，提出了支持与挑战这一概念。这位心理学家认为，要想让学生的自我功能在大学期间得到充分发展，

最为有效的方法是营造一个复杂、多变且具备足够推动力的环境让学生来面对，迫使他们产生制定决策的需求和愿望。而与此同时，又给予这些大学生足够的支持，保护他们不被过度的焦虑所淹没和压垮。事实上，这样一种对大学生自我发展的必要条件，融合了两个看似矛盾、实则统一的元素：挑战——推动学生去超越自我现在的状态，战胜环境中的困扰；支持——当学生尝试接纳和吸收崭新的行为和态度时，给予他们情感上的支持和鼓励。学生工作者必须在这两个元素之间保持一种微妙的平衡，因为过多的挑战或者压力会让学生逃避和退却，而过度的支持则会"惯坏"学生，让他们无法发展出足够的能力去应对社会。而根据纳威特和阿克罗德的心理学理论，学生工作者的根本任务，就是找到这样一些挑战，让学生能够尝试去作出一些全新的适应性行为，而这些挑战又不会强大到对学生造成太过严重的困扰，使得他们退回到过去旧有的原始模式当中，从而对长远的生活产生不良的影响。

在挑战与支持的诸多关键变量上，不同的大学之间，甚至同一所大学的不同院系之间，都会存在很大的差异。某些大学或者院系本身所具有的挑战性因素会更多，比如拥有更多的文化多样性、需要学生承担更多的风险、需要制定作出更多的决策和选择。而另一些大学或者院系可能具有的支持性因素会更多，比如课程设置更加结构化、服务获取更加便捷、学生工作者人数更加充足等。因此，这就要求学生工作者基于各自现有环境特色和背景，灵活地调节挑战与支持之间的平衡，在挑战性更强的环境中，增加支持性部分，而在支持性更多的环境中，增加挑战性的成分。

而从更为微观的视角审视，即便处于同一个环境当中，不同的学生之间也存在很大的差异，因而需要不同类型的支持和挑战。因此，同样的环境对于所有学生所提供的挑战和支持绝非均等，甚至有的时候，对于某些人来说是支持的因素，而对于另一些人而言，则成为挑战。鉴于此，就需要学生工作者将"精致化"原则更加有效地应用到实践当中，细致地去理解每一个学生所需要的、特有的支持和挑战因素。诸如一些心理学问卷、日常观察，或是与学生的深度访谈，都是很好的方式，可以帮助辅导员更好地去了解和靠近某个重点关注学生或是大多数学生的心理。

最有效率的挑战，就是那些与学生当前功能水平差距并不太大的挑战。因为，如果挑战远远高于学生当前的功能水平，就会彻底压垮学生，让他们产生误解或是直接拒绝接受挑战。对此，心理学家呼吁学生工作者采纳"上台阶"的概念，即所提供的挑战要比学生现有的功能水平仅仅高出一个小等级，让学生可以相对比较轻松地"跨越"过去当前的挑战。

作为学生工作者，辅导员需要不断反思，自己在支持和挑战这两个方面是否为学生提供了足够且恰当的内容，又是否给予了他们适当而又正确的支持和挑战。在实践当中，我们不难发现，往往是那些在大学期间得到了充分挑战和支持的学生，才会对整个大学经历产生较为积极的评价。因此，确保恰当的挑战和支持存在于学生生活中的方方面面，将成为辅导员一项需要终身承担并具有创造性的任务。

作为一线辅导员，一定不能停止学习，除了面对日常的琐碎工作，务必抽出时间为自己充电，让自己通过学习更加丰盈，从而以更好的状态面对学生。辅导员以什么样的状态投入工作，学生一定也能体验到、感受到。学生觉得你是一个充实的人，他可能会更愿意跟着你走；学生觉得你是一个不断进步、积极向上的人，他就会更愿意听你说话。如果辅导员每天都沉浸在烦琐的事务性工作中，处于极度疲惫和焦虑的状态，学生也一定会发现，这样的情况下，辅导员本身就处于一个被动的状态，导致很难真正地进行引领，更谈不上实现引领的目的和意义。通过学习，辅导员可以更好地感知时代的变化，了解当下的热点，这也有助于辅导员在与学生沟通的过程中，运用更多更吸引人、更有时代感、更贴近青年特点的话题开启对话，进而提升亲和力，增强有效性。

第五章

大学生心理危机干预工作

第五章
大学生心理危机干预工作

心理危机干预最早产生于美国、荷兰等国，早在20世纪70年代，心理危机干预课题就成了世界卫生组织的重要研究对象；近二三十年更是发展迅猛，迅速传播至其他西方国家。心理危机干预咨询深入社区，成为社区心理卫生保健中不可缺少的组成部分，同时在应对和解决社会上的应激事件和预防疾病方面发挥着不可忽视的作用。心理危机干预工作由医生、社会工作者、心理学家、护士等人员组成的工作小组负责，他们开设热线电话，另设门诊或短期病房，通常在几周内能够帮助患者解决当前的问题。心理危机干预与一般的心理咨询和治疗的区别在于，它是发生在紧急情况下的一种短期心理治疗，注重帮助患者解决眼前的生存危机问题，立即采取迅速有效的行动是其突出特征。虽然存在明显的不足，即无法彻底解决患者的心理问题，但是其立竿见影的治疗效果能够在重大危机事件中发挥最大的效能。

我国的心理危机干预工作最早起步于20世纪90年代，当时主要处于引进和吸收国外心理危机干预方法和理论的阶段。近年来，我国的心理健康教育日益得到人们的重视，但公众对心理危机干预的功能、作用、对策等仍知之甚少。心理问题远非人们想象得那么简单，心理危机事件和其对当事者造成的心理创伤实际是两回事。虽然事件本身会随着时间推移慢慢被人们遗忘，但是事件带给人们心理的创伤却并非时间能冲刷掉的。有些抑郁、恐惧、焦虑的情绪会持续笼罩在人们的生活中，干扰人们正常的学习、生活和工作，严重的甚至会影响人的一生。国内心理危机干预研究起步较晚，尚需进一步改进和完善。

未来，在大学生心理危机干预工作的理论探索和实践应用中，将会涌现出更多借助家庭治疗模式来开辟家校合作途径以实现高效心理危机干预的尝试。例如，已有国内学者研究萨提亚模式的基本理论对于促进家校合作实践的适用性。积极、正向的信念能够帮助教育者和家长更加关注并欣赏学生的优点和长处，在遇到心理危机时，能够激发学生身上潜在的积极力量去应对问题。平等、互动的沟通技术运用可以搭建起学生和家长之间良好的沟通桥梁，使他们感受到积极的心理体验，从而帮助学生和家长之间建立更好的联结。通过这种方式，能够使学生、家长、学校三方的关注点都聚焦在学生的个人成长发展上，而非仅仅局限于对危机事件根源的追溯。

在实际操作中，一方面，高校可以依托萨提亚模式构建网络平台，举办家长课堂、家长论坛等活动，积极向学生家长开展心理健康知识的普及和传播，强调家庭建设在学生成长成才过程中的重要性。另一方面，可以成立专门的家校沟通部门，或安排专业人员负责与家长的沟通工作，尤其是在处理心理危机事件时，需加强对学生和家长的帮扶与沟通。

在各种理论视角下的大学生心理危机干预研究越来越多，跨学科、跨方向的交流和融合也将成为一种趋势。例如，社会支持理论视角下的大学生心理危机干预系统的构建，文化视角下的大学生心理危机干预研究，积极心理学视角下的大学生心理危机干预研究等。多视角、多学科、多维度的研究，必能推进大学生心理危机干预研究更加深入和系统，从而更好地指导实际的大学生心理危机干预工作。

第一节　大学生心理危机干预体系构建

大学生从入学到毕业，在校学习生活期间，"大学生心理危机干预体系"作为干预大学生心理危机的坚固基石，在保障其身心健康和生命安全方面发挥着重要的作用。

一、"四级"预警防控机制介绍

针对"00后"大学生心理特征和影响大学生产生心理危机的因素，北大学生心理中心深入贯彻落实全国高校思想政治会议精神和《高校思想政治工作质量提升工程实施纲要》（教党〔2017〕62号）等文件精神，着力构建全面科学的"四级"预警防控机制，利用"心晴防护网"项目实现各部门、各院系、各层级协调联动的协作，不断推动大学生危机干预全面化、规范化、科学化。

"四级"预警防控机制包含学校：北大学生心理中心、学院：学院二级咨询室、班级和宿舍四个层级（见图5-1）。

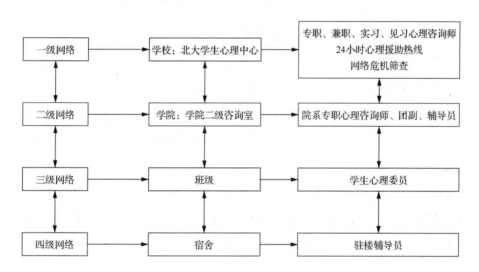

图5-1 "四级"预警防控机制

高校的学生心理中心作为"四级"预警防控机制中的一级网络，是整个网络的支柱，由心理学专业咨询师负责并开展工作，在整个心理预警与干预工作中发挥全局性作用。北大学生心理中心通过心理咨询、24小时心理援助热线、网络危机筛查、学生心理健康状况测评、评估与分析、心理危机干预、心理健康课程讲解与心理健康知识讲座、心理团体辅导与院系心理定制服务等方式深入学生群体，全面、动态地掌握全校学生心理实时情况，有助于提前预警学生心理危机，防患于未然。

二级网络是学生心理危机干预的缓冲纽带，以学院二级咨询室为阵地，由院系聘任的专职心理咨询师、团委副书记、辅导员组成。作为心理危机预警和干预的"第一线"，为学生提供便捷的心理援助，并及时向北大学生心理中心反馈学生心理异常，参与协助北大学生心理中心处理学生心理危机，同时也是三级网络班级和四级网络宿舍的协调桥梁和依托。

三级网络以班级为单位，由院系选拔并经过系统心理健康培训的学生心理委员组建而成。作为心理危机预警的"前哨兵"，学生心理委员深入学生群体，有效地开展学生心理健康教育与宣传活动，及时掌握班级学生心理健康动态，帮助学生解决常见的心理问题，预警学生心理危机，并协助北大学生心理中心、院系二级咨询室开展相关工作。

四级网络以驻楼工作室为阵地，选拔信念过硬、政治过硬、责任过硬、能力过硬、作风过硬的辅导员，并经过心理健康知识、心理访谈技能、谈心谈话技巧、心理危机处理等专业心理培训后，在宿舍内开展心理健康知识宣传、学生心理疏导访谈和宿舍学生心理危机第一时间处理等工作，积极探索思政与心理健康教育有机融合途径，做好学生思政教育和心理健康教育的宣传员、咨询员、观察员与联络员。

二、院系"网格化"预警防控体系搭建

（一）一级警戒——自杀未遂

学生已经实施了具有致死性的自杀行为，但未造成致死性的后果。

例如：某学生自杀行为导致失去意识，但没有生命危险。

处理要点：需要24小时监护，通知父母并完善法律手续后送医。

通知院系主管学生工作的党委副书记到现场组织危机干预，并通报院

系党政主要领导。协调安排 2 名及以上辅导员实施监护和联系医院，通知父母赴校监护等干预措施。心理中心主任或负责危机干预的副主任、中心专职轮值危机干预咨询师、院系对接咨询师、当事人咨询师以及（可能的）热线值班咨询师、网络值班咨询师共同协同提供技术支持和指导或实施现场干预。

（二）二级警戒——自杀终止

学生计划实施自杀行为，在执行过程中自行放弃或者被及时制止。

例如：某学生想要跳未名湖，但是往下走了几步后，主动放弃，或在过程中被保卫部门工作人员及时制止。

处理要点：需要 24 小时监护，通知父母并完善法律手续后送医。

院系学生工作办公室主任或团委书记到现场组织危机干预，并向党委副书记汇报，协调安排 2 名及以上辅导员实施监护和联系医院，通知父母赴校监护等干预措施。中心专职轮值危机干预咨询师、负责危机干预的副主任以及（可能的）热线值班咨询师、网络值班咨询师应提供技术支持和指导或实施现场干预。

（三）三级警戒——计划自杀

学生有自杀的想法和计划，但尚未准备实施。

例如：某学生打算跳楼，但是还没有去做。

处理要点：考虑需要 24 小时监护，并进一步评估。院系学生工作办公室主任或团委书记到现场组织危机干预，并向党委副书记汇报，必要时协调安排 1~2 名辅导员实施监护和联系医院、父母等干预措施。中心专职轮值危机干预咨询师向负责危机干预的副主任汇报并实施评估和干预。

（四）四级警戒——后期反馈

院系辅导员、学生心理委员、24 小时热线接线员、驻楼辅导员等反映学生心理异常情况。

首先，约谈学生了解相关情况，并及时在学生心理健康网络系统中填报案例，上报北大学生心理中心危机干预值班咨询师。其次，关注北大学生心理中心在系统中对案例的回复，协助邀请该学生前来北大学生心理中心评估，联系院系对接专职老师落实评估时间并协助落实学生前去评估情况。最后，学生无法正常沟通交流，或拒绝合作接受评估，或疑似处在精神疾病发作期，联系北大学生心理中心咨询师就学生情况具体沟通，情况严重时可协助联系医院紧急送医，并联络家长。

第二节 大学生心理危机预警、识别与干预

一、大学生心理危机预警

预警的前置工作是做好心理健康教育，高校应积极探索心理健康教育的新模式，针对新时代学生的心理特征、心理需求和影响因素，大力宣传普及心理健康知识和求助渠道，以便帮助学生解开心灵症结，在潜移默化中消除学生的心理危机。

通过覆盖线上线下的"心"科普+"心"教育系列活动，北大学生心理中心每年在各院系开展"院系定制心理团体活动"超过百场；每年邀请心理专家学者根据学生在校学习成长规律，举办多场次心理科普专题讲座；

第五章
大学生心理危机干预工作

联合北大团委、电视台共同推出面向全国青年学生的系列线上心理辅导讲座，累计观看人次超过2000万；结合疫情防控常态化工作的需要，打造的抗疫专题心理健康系列慕课，推广"心"科普系列文章共计268篇，录制《北大心理师说》《接线员说》等心理健康宣传视频16部，累计观看人次达1900多万。

"心"科普+"心"教育点亮青年学子向上向阳的"燕园表情"，在2021年5月25日举办的"磨砺青春心向党、生有韧性心有光"系列活动中，"寻找好声音"活动累计收到来自北京市40所高校400余件作品，"绘心"活动吸引了超过3500人参与投票，而"5·25奔向心辰大海"主题夜奔活动参与学生超过2000人次，这些活动持续为学生的成长成才注入了强劲正能量。

在发现学生心理危机方面，北大学生心理中心在建立健全工作响应体系方面下功夫，以全时段、全覆盖、全方位的"4+1"热线，回应学生关心、关注、关切的问题以及所急、所需、所盼的事项。

按照上级文件要求，北京大学深入构建规范、科学、全面的"四级"预警防控机制。24小时应急响应热线作为连接干部与群众、部门与师生的"直达线"，联通管理与服务、保障与育人的"思政线"，守护师生健康、校园安宁的"生命线"，检验干事作风、党性修养的"宗旨线"，真正做到及时联系、迅速反映学生所急、所需、所盼。热线值班人员做到了遇事不推诿、难事我先上，联动各个部门解决师生困难，从"接线员"到"协调员"，再到"安全员""救生员"，为来电师生提供了多种角色的全方位帮助。

新冠疫情防控期间，各条热线迅速构建起师生与学校之间的畅通联系渠道，及时解答了师生关切的问题，有效缓解了因疫情防控要求下校园严格管理所带来的学业、生活上的不便，学校也因此实现了零喊楼、零负面舆情的目标。疫情期间，各条热线共计接听和回复电话上万通，成功处置各类突发事件上百起，通报舆情信息千余条，涉及问题广泛涵盖师生生活、学业、心理、安全等各个方面。面对来电密、问题多的常态，热线工作人员保持了高效、专业的服务态度。

24小时心理援助热线自2019年4月26日创建以来,截至2022年6月,已累计接线5000余例,接线总时长超过16万分钟。24小时心理援助热线常常收到来自同学的温暖反馈,如"老师,非常感谢您深夜的陪伴,我很幸福""我现在感觉好多了,跟您聊天很开心,谢谢您"。作为全国首条7×24小时高校学生心理援助热线,北大学生心理中心用真心真情守护学生的心理健康。

二、大学生心理危机识别

(一)抑郁障碍识别

【拓展视频5-1】

抑郁障碍的临床表现可分为核心症状、心理症状群与躯体症状群三个方面。但在具体的症状归类上,有些症状常常相互重叠,很难简单划一。

1. 核心症状

(1)心境低落:是指自我感受或他人观察到的显著而持久的情绪低落和抑郁悲观。患者常常诉说"心情不好,高兴不起来",终日愁眉苦脸、忧心忡忡,可出现典型的抑郁面容,表现为眉头紧锁,长吁短叹。严重者甚至痛不欲生、悲观绝望,有度日如年、生不如死之感,常常主诉"活着没意思""心里非常难受"等。患者这种低落的情绪几乎大部分时间都存在,一般不随外界环境的变化而变化。

(2)兴趣减退:是指患者对各种过去喜爱的活动或事物丧失兴趣或兴趣下降,做任何事都提不起劲,即使勉强去做,也难以体会到以前愉快的感觉。症状典型者对任何事物无论好坏都缺乏兴趣,什么事情都不愿意做。例如,患者在生病以前是很喜欢打篮球的人,现在对篮球却一点兴趣都没有。

（3）快感缺失：是指患者体验快乐的能力显著降低，不能从日常所从事的活动中体验到原本应有的乐趣，即使从事自己以前喜欢的事情或工作，也难以体会到任何快感。部分抑郁障碍患者有时会勉强自己参与一些活动，表面上看，患者的兴趣似乎仍然存在，但进一步询问就会发现，患者根本无法从这些活动或事情中感受到快乐，他们参与这些活动的主要目的，是希望能从悲观失望的情绪中暂时抽离出来或者消磨时间。有些患者甚至会觉得，参加活动反而成了一种负担。

2. 心理症状群

（1）思维迟缓：表现为思维联想速度减慢，患者自我感觉脑子反应迟钝，常见临床主诉为"脑子像是生了锈的机器一样"或是"像涂了一层糨糊般不灵活"。决断能力降低，变得优柔寡断、犹豫不决，甚至对一些日常小事也难以迅速作出决定。临床上可见患者主动言语减少，语速明显减慢，语音变低，严重者甚至无法正常与他人交流。

（2）认知功能损害：认知功能异常是抑郁障碍患者最常见的主诉，例如难以忘记过去的糟糕经历，注意力下降，反应时间延长，注意事物不能持久，导致学习、工作效率下降。另外还有患者表现出抽象概括能力下降、学习能力降低以及言语流畅性变差。

（3）负性认知模式：抑郁障碍患者的认知模式具有负性、歪曲的特点。无论是对自己、对所处环境还是对未来，患者均持有负性的认知。他们认为自己无价值、存在缺陷、不值得被爱，将所处环境视为灾难性的，充满许多无法克服的障碍，对未来没有信心，感到没有希望甚至悲观绝望。常见的负性认知包括：非此即彼（极端化或对立思维，如认为"不是成功就意味着彻底的失败"）；灾难化（消极地预测未来，不考虑其他可能性）；贴标签（给自己或他人贴上固定的负面标签，不顾实际情况地妄下结论）；选择性关注（不全面看待问题，而是选择性地将注意力集中于消极的细节上）等。

（4）自责自罪：在悲观失望情绪的基础上，患者易产生自责自罪的心理。他们认为自己犯下了不可饶恕的错误，即使面对的是一些轻微过失或错误，也会过度责备自己，把自己视为家庭和社会的巨大负担。例如，患者可能因过去微不足道的不诚实行为或者曾让别人失望的小事而有负罪感。严重时，患者会对自己的过失进行无限制的"上纲上线"，产生深深的内疚，甚至达到罪恶妄想的程度，认为自己罪孽深重，必须受到社会的惩罚。

（5）自杀观念和行为：抑郁障碍患者常常伴随着强烈的消极自杀观念或行为，他们可能感到生活中的一切都没有意义，活着没意思，脑海中反复出现与死亡相关的念头，甚至开始详细地策划自杀行为，包括思考自杀的时间、地点和方式。患者可能认为"结束自己的生命是一种解脱""自己活在世上是多余的人"，并最终发展成自杀行为。自杀行为是抑郁障碍最严重的症状和最危险的后果之一，临床工作者应对曾经有过自杀观念或自杀企图的患者保持高度警惕，并认真做好自杀风险的评估和预防。此外，部分患者还会出现"扩大性自杀"行为，即患者会认为自己的亲人活着也非常痛苦，帮助亲人死亡是对他们的解脱，于是选择杀死亲人后再自杀，导致极其严重的不良后果。

（6）精神病性症状：部分严重的抑郁障碍患者可出现幻觉或妄想等精神病性症状，这些症状涉及的内容多数与抑郁心境相关联，如罪恶妄想（认为自己应该受到惩罚）、无价值妄想（认为自己一无所有，是个没有用的人）、躯体疾病或灾难妄想（坚信自己患有某种难以治愈的疾病或者将有重大的灾难降临在自己身上）、嘲弄性或谴责性的幻听等。

（7）自知力缺乏：多数抑郁障碍患者自知力完整，能够主动求治并描述自己的病情和症状，但有些严重的抑郁障碍患者的自知力不完整甚至缺乏，这种情况在存在明显自杀倾向者或伴有精神病性症状的患者中尤其常见，患者缺乏对自己当前状态的正确认识，甚至完全失去治疗意愿。

3. 躯体症状群

（1）睡眠障碍：是抑郁障碍最常出现的躯体症状之一，表现形式多样，包括早段失眠（入睡困难）、中段失眠（睡眠轻浅、多梦）和末段失眠（早醒）。入睡困难最为多见，一般睡眠潜伏期超过 30 分钟。而以末段失眠（早醒）最具有特征性，一般比平时早醒 2~3 小时，醒后无法再次入睡。不过，与上述典型表现不同，非典型抑郁障碍患者也可能出现睡眠过多的情况。

（2）进食紊乱：主要表现为食欲下降伴体重减轻。轻者表现为食不知味、没有胃口，但进食量不一定出现明显减少，此时患者的体重在一段时间内改变可能并不明显。严重者完全丧失进食的欲望，对自己既往喜欢的食物也不感兴趣，甚至不愿提到吃饭。进食后感觉腹胀、胃部不适，体重明显下降，甚至出现营养不良。相反，非典型抑郁障碍患者则会有食欲亢进和体重增加的情况。

（3）性功能障碍：很多抑郁障碍患者存在性欲的减退乃至完全丧失。有些患者虽然勉强维持性行为，但无法从中体验到乐趣。女性患者还会出现月经紊乱、闭经等症状。

（4）精力下降：表现为无精打采、疲乏无力、懒惰。患者感到自己整个人都垮了、散架了，常常诉说"太累了""没有精神""什么都没做也感到疲惫不堪"，精疲力尽、能力下降。

（二）双相情感障碍的识别

【拓展视频 5-2】

双相情感障碍患者的情绪会忽高、忽低，一会儿抑郁低落，一会儿情绪高涨，有人将此形容为"一会在天堂，一会在地狱"，两者像过山车一样起伏交替。双相情感障碍临床评估需要将纵向病史与横断面精神检查相结合，以明确患者的"过去"和"现在"，为诊断和治疗方案提供依据。"过去"是指患者的病史，全面收集纵向病史的发生发展过程尤为重要，特别是与抑郁发作、轻躁狂和躁狂发作相关的资料。"现在"是指对患者当前横断面精神状态的评估。

躁狂发作以情绪高涨、思维奔逸和意志行为活动增强的"三高"症状为特征，属于精神运动性兴奋。

轻躁狂发作临床表现相比躁狂发作相对较轻，持续至少连续 4 天的情绪高涨、精力充沛、活动增多、易激惹、对自我评价高、睡眠需求少、思维奔逸、行为鲁莽。患者社会功能或职业功能可能受到轻度损害，这种损害不易被识别，周围人可感到患者与其正常时候有差异，但患者对此可能无自知力。

抑郁发作表现以情绪低落、思维迟缓和悲观、意志行为活动减退"三低"症状为特征，伴有认知功能减退和躯体症状，处于精神运动性抑制状态。详见前述抑郁障碍识别部分。

抑郁症（单相抑郁障碍）是指无确切的躁狂或轻躁狂发作史的抑郁发作。大部分双相障碍患者起初以抑郁发作为主要表现，在未出现明确的躁狂或轻躁狂发作史时，对抑郁发作患者诊断为抑郁症是符合诊断原则的，但部分患者随着病情的发展，如果出现明确的躁狂或轻躁狂发作表现时，可能会修改诊断为双相情感障碍。目前诊断标准并未区分抑郁症与双相情感障碍的抑郁发作，但二者的临床特征还是存在部分差异，例如，双相抑郁往往起病年龄小（通常小于 25 岁），发作频繁、伴有非典型抑郁症状（嗜睡、贪吃等）、有双相障碍家族史等，通过心境障碍问卷（MDQ）可以辅助区分两者。

（三）广泛性焦虑障碍的识别

广泛性焦虑障碍是一种以焦虑为主要临床表现的精神障碍，患者常常有原因不明的提心吊胆、紧张不安,并伴有显著的自主神经功能紊乱症状、肌肉紧张及运动性不安。患者往往能够认识到这些担忧是过度和不恰当的,但难以自主控制,因而感到痛苦。

1. 精神性焦虑

精神上的过度担心是焦虑症状的核心。它表现为个体对未来可能发生的、难以预料的某种危险或不幸事件经常性地感到担忧。有的患者不能明确意识到他担心的对象或内容,而只是一种提心吊胆、惶恐不安的强烈内心体验,称为自由浮动性焦虑。有的患者担心的也许是现实生活中可能将会发生的事情,但其担心、焦虑和烦恼的程度与现实极不相称,这种情况被称为预期焦虑。警觉性增高则表现为对外界刺激敏感,易于出现惊跳反应;注意力难以集中,容易受干扰;难以入睡、睡中易惊醒;情绪易激惹等。

2. 躯体性焦虑

表现为运动性不安与肌肉紧张。运动性不安可表现搓手顿足,不能静坐,不停地来回走动,无目的的小动作增多。肌肉紧张表现为主观上的一组或多组肌肉不舒服的紧张感,严重时有肌肉酸痛,多见于胸部、颈部及肩背部肌肉,紧张性头痛也很常见,有的患者可出现肢体的震颤,甚至语音发颤。

3. 自主神经功能紊乱

表现为心动过速、胸闷气短,头晕头痛、皮肤潮红、出汗或苍白、口干、吞咽梗阻感、胃部不适、恶心、腹痛、腹胀、便秘或腹泻、尿频等症状。有的患者可出现早泄、勃起功能障碍、月经紊乱、性欲缺乏等症状。

【拓展视频 5-3】

（四）精神分裂症的识别

精神分裂症是所有重大精神疾病综合征中最难以定义和描述的疾病。目前大多数专家认为精神分裂症是一组病因未明的重性精神障碍，具有认知、思维、情感、行为等多方面精神活动的显著异常，并导致明显的学业、职业和社会功能损害。

1. 感知觉障碍

精神分裂症最突出的感知觉障碍是幻觉，其中以言语性幻听最为常见。幻听通常表现为源自外部且不同于他或她自己想法的声音，无论这个声音是否熟悉。精神分裂症的幻听内容可能是争论性幻听，如两个或几个声音在争论，争论的内容往往与患者有关；也可能是评论性幻听，声音对患者评头论足。

【拓展视频 5-4】

2. 思维障碍

（1）思维形式障碍：主要表现为思维联想过程缺乏连贯性和逻辑性，这是精神分裂症最具有特征性的症状之一，与精神分裂症患者的交谈多有难以理解和无法深入的感觉，阅读患者书写的文字资料，也常不知所云。在交谈时，患者说话常无目的地绕圈子，经常游移于主题之外，尤其是在回答医生的问题时，句句说不到点子上，但句句似乎又都沾点儿边，令听者抓不到要点（思维散漫）。病情严重者，言语支离破碎，导致无法交流（思维破裂）。有的患者表现为逻辑倒错性思维，推理过程十分荒谬离奇，既无前提，又缺乏逻辑依据，有的甚至因果倒置，令人难以理解。有时患者会对事物做一些不必要的、过度具体化的描述，或是不恰当地运用词句。有的患者使用普通的词句、符号甚至动作来表达某些特殊的、只有患者本人才能理解的意义（病理性象征性思维）。有时患者创造新词或符号，并赋予其特殊的意义（语词新作）。或者中心思想无法捉摸，缺乏实效的空洞议论（诡辩症）；或者终日沉湎于毫无现实意义的幻想、宏伟计划或理论探讨，不与外界接触，沉浸在自我的世界中（内向性思维）。有时患者脑中出现两种相反的、矛盾对立的观念，无法判断对错，从而影响行为决策（矛盾思维）。

有的患者可在无外界因素影响下，思维突然出现停顿、空白（思维中断），或同时感到思维被抽走（思维被夺）。有的患者可涌现大量思维，并伴有明显的不自主感、强制感（思维云集或强制性思维），有时患者会感到某种不属于自己的、似乎由别人或外界强行植入的思想（思维插入）。慢性病患者可表现为概念和词汇贫乏，自觉脑子里空荡荡的，没什么可想的，也没什么可说的，主动言语减少，或虽然语量不少，但内容空洞无物，对问话多以"不知道""没什么"等简单的词语回答，对问题的思考仅停留在表面，缺乏深入的联想和拓展（思维贫乏）。

（2）思维内容障碍：最多见的妄想是被害妄想（例如坚信自己正在或将要被他人、某个组织或其他群体伤害、羞辱等）与关系妄想（例如认为别人的姿势、言语或其他环境因素都是直接针对他的）。妄想有时表现为被动体验，

【拓展视频5-5】

这往往是精神分裂症的典型症状之一。患者丧失了支配感，感到自己的躯体运动、思维活动、情感活动、冲动等都是受他人或外界力量的控制。如感到自己受到电脑、无线电波、超声波、激光或特殊先进仪器的控制而失去自主性，仿佛自己成了傀儡或木偶。有的患者还感到自己刚一想什么事就会被别人知道，至于别人是通过什么方式知道的，患者不一定说得清楚（被洞悉感）。此外，其他多见的妄想还包括嫉妒妄想、钟情妄想、非血统妄想、特殊意义妄想等。

3. 情感障碍

情感平淡并不仅仅以表情呆板、缺乏变化为表现，患者同时还伴有自发动作减少、缺乏肢体语言等症状。在谈话中，很少或几乎根本不使用任何辅助表达思想的手势和身体姿势，讲话时语调单一、缺乏抑扬顿挫，与人交谈时很少有眼神接触，多茫然、低头或东张西望。患者丧失了幽默感及对幽默的反应，检查者的诙谐很难引起患者会心的微笑。

情感淡漠也是常见的情感障碍。患病早期涉及较细腻的情感，如对亲人的体贴，对同事的关心、同情等。病情加重时患者对周围事物的情感反应变得迟钝，对生活、学习或工作的兴趣减少。随着疾病进一步发展，患者的情感日益淡漠，对一切都无动于衷，丧失了与周围环境的情感联系。

患者的情感反应可表现为与内在思维或外界环境的不协调。有的患者在谈及自己的不幸遭遇或妄想内容时，往往缺乏应有的情感体验，或表现出不恰当的情感。少数患者出现情感倒错，如某住院患者得知母亲去世消息后，不但没有痛苦的表现，反而面带笑容，笑着告诉周围的病友。

有的患者对同一件事物同时产生两种相反的、互相矛盾的情感体验，患者对此既不自觉又不能加以分析和判断，被动地承受着这两种情感冲突（矛盾情感）。有部分患者表现为易激惹，即使轻微的刺激或不愉快也可能引起患者产生剧烈而短暂的情感反应，患者对自身的情绪控制能力下降，有时不明原因地大发脾气。

4. 意志与行为障碍

精神分裂症常见意志减退和缺乏。患者的活动显著减少，缺乏主动性，行为变得孤僻、懒散、被动、退缩。部分患者甚至连续几个小时不语不动表现出严重的意志活动减退。在坚持工作、完成学业、料理家务等方面，患者面临巨大困难，往往对前途漠不关心、缺乏计划或者虽有计划却从不执行。患者可能长时间静坐而没有任何自发活动，或忽略自己的仪表及卫生。此外，有的患者可能出现意向倒错，如食用非食用物质（如粪便、昆虫、草木）或伤害自己的身体。有时，患者会表现出愚蠢、幼稚的举止行为，或突然的、无目的的冲动行为，甚至可能感到自己的行为不受自身意愿控制。

5. 自知力障碍

精神分裂症患者往往自知力不完整或缺失。他们不认为自己有精神病，对精神症状坚信不疑，认为幻觉、妄想等体验都是真实的，因而拒绝治疗。自知力缺乏是影响治疗依从性的重要原因。

（五）强迫障碍的识别

【拓展视频5-6】

强迫障碍是一种以反复、持久出现的强迫思维和（或）强迫行为为基本特征的精神障碍。患者明知这些思维和（或）动作没有现实意义、没有必要、多余；患者有强烈的摆脱欲望，但却无法控制，因而感到十分苦恼。

1. 强迫思维

强迫思维是指反复出现、持续存在、不恰当地闯入头脑中的一些想法、表象和冲动。常见的强迫思维包括：怕脏，怕给自己和他人带来伤害，要求对称、精确、有序，对道德的过度关注等。

2. 强迫行为

强迫行为是指患者感到不得不反复进行的行为或精神活动,这是为了阻止、抵消和控制强迫思维所带来的不适感和焦虑而出现的一些仪式性的反复行为动作。常见的强迫行为包括:清洁(如洗手或洗澡)、计数、重复、检查、祈祷、触摸、寻求保障、仪式化的回避等。

3. 强迫意向

强迫意向是指在某种场合下,患者出现一种明知与自己心愿相违背的冲动,却不能控制这种意向的出现,从而苦恼不堪。

4. 强迫情绪

强迫情绪是指不必要的担心和恐惧。这种恐惧是对自己的情绪会失去控制的恐惧,如害怕自己会发疯,会作出违反法律或道德的事。

患者普遍能够认识到以上的表现都是自己大脑的产物,并且这些表现往往是不合情理的或者是过度的,但是这种自知力也有可能因人而异。

(六)睡眠障碍的识别

睡眠障碍是指尽管有适宜的睡眠机会和环境,依然对于睡眠时间和(或)睡眠质量感到不满足,并引起相关的日间功能损害的一种主观体验,可单独诊断,也可与其他精神障碍、躯体疾病或物质滥用共病。

睡眠障碍的临床表现主要为睡眠起始障碍和睡眠维持障碍,两种症状可能单独出现,但以同时存在更为常见。

【拓展视频 5-7】

睡眠起始障碍表现为入睡困难，睡眠维持障碍包括半夜觉醒后再次入睡困难和早醒。睡眠质量差和无法恢复精力通常与睡眠起始障碍和维持障碍并存。日间症状包括疲劳、犯困、注意力不集中、记忆力障碍、烦躁和情绪低落等。

不同年龄段中，具有临床意义的睡眠紊乱标准不尽相同。儿童和青年睡眠潜伏期和入睡后觉醒时间大于 20 分钟、中年和老年人大于 30 分钟具有临床意义。早醒通常是指较预期觉醒时间提前至少 1 个小时，且与发病前正常睡眠模式相比总睡眠时间明显减少。

根据第 3 版《睡眠障碍国际分类》，睡眠障碍的诊断要点包括：①存在入睡困难、睡眠维持困难或早醒症状；②日间疲劳、犯困、认知功能受损等；上述症状每周至少出现 3 次，持续至少 3 个月。如果病程小于 3 个月可称为短期睡眠障碍。

三、大学生心理危机干预

（一）学生心理危机干预处理的措施

在干预心理危机方面，应着力压紧压实网格责任，通过实施网络化、精细化、协同化的"心晴防护网"项目，有效守护好学生生命安全的"最后一道防线"。

北京大学针对学生心理危机预防、识别与干预工作，推出了"心晴防护网"项目。项目由北大学生心理中心统筹，联合青年研究中心、保卫部、各院系、后勤等多部门搭建紧密的"人防"网络，并借助心理健康网络系统、大数据、人工智能等技术手段架设"技防"体系，多基点配合发力，共同守护好学生生命安全的"最后一道防线"。

利用北大医学部及附属医院的人才培养、教学科研等最优质资源，与北京大学医院、北京大学第三医院、北京大学第六医院等协同搭建学生危机干预"绿色就诊通道",简化流程,协调床位,并通过北大学生心理中心与北京大学第六医院交互任职,进一步强化"绿色就诊通道"纽带,充分发挥"绿色就诊通道"作用,为学生提供全面化、系统性、强有力的协同保障。

北大学生心理中心于2020年10月更新了《北京大学心理危机干预流程与预案》内部使用手册,再次明确了学生心理危机干预处理的如下具体措施。

1. 及时发现

北大学生心理中心设有24小时热线服务、24小时网络筛查机制以及24小时危机干预双值班制度。同时,通过学生心理委员项目——"心海计划"、驻楼辅导员项目、院系辅导员等共同构建起心理危机识别网络。这些人员均接受了专业的心理健康知识系统化培训,以便能够尽早发现身边存在人身安全风险的学生。

2. 及时报告

一旦发现有学生存在人身安全风险,应及时报告上一级组织。院系相关人员应当第一时间与学生取得联系,了解具体情况。院系应劝说或陪伴有自杀倾向的学生前往北大学生心理中心进行初步评估,或直接送至专科精神病医院进行诊断,同时需及时联系学生家长,并要求家长尽快到校。

3. 做好监护

监护过程要注意以下事项:第一,由院系安排专人,在家长到达之前24小时贴身进行看护。第二,看护人员至少2人,至少1名为同性,保证必要时 2 人交替工作，负责看护人应当是该生熟悉并信任的教师，如辅导员、班主任、导师等。北大学生心理中心专业人员应对看护人员进行专业培训，介绍监护任务、心理危机的特点、精神障碍的一般规律、可能发生的危险情况以及其他注意事项等。第三，将学生安置在临时安全住所。家长到达之前，可安排学生住在学校宾馆楼层较低的房间，并移除可能用于自杀的危险物品，安排 2 人以上专人看护。

4. 初步评估

由心理咨询中心的专业咨询师进行风险程度的评估。必要时可邀请精神专科医生进行会诊。在保护学生生命安全为首要原则的前提下，按照专业要求进行保密例外处理。

5. 及时送医

学校与家长进行充分沟通，如果家长能够及时到校，应将学生交于家长，并提供妥善帮助。若家长不能及时赶到，而学生危机状况严重，则学校应根据《中华人民共和国精神卫生法》第 28 条的规定，立即将学生送往专科医院进行相应诊治。

6. 与家长沟通过程中应注意的事项

第一，学校要充分表达对学生健康和安全的关心以及对于家长心情的理解，避免家长误以为学校在推卸责任。第二，要说服家长尊重专业的诊断和治疗建议。有的时候，因为家长不了解精神疾病的相关知识，也担心精神疾病会影响孩子的学业与发展，家长不愿意承认孩子有心理疾病，不愿接受专业的诊断和建议，提出要求在校陪读，让孩子正常上课等要求。第三，要让家长明确知晓其作为监护人应当承担的法律责任。第四，如果不能说服家长时，为了学生的生命安全和健康，学校仍应坚持尊重专业的诊断和建议，同时明确告知家长其作为监护人应当承担的法律责任。

7. 后期访问追踪

需要在自杀干预后对存在慢性自杀风险和潜在自杀风险的同学进行风险管理工作。北京大学"大学生心理危机干预体系"的全面构建，使得心理危机干预的形式与内容变得不再单一，其影响延伸到了学生的各个方面。北大学生心理中心一直致力于推动特色"心教育"系统工程，旨在宣传救助渠道、提高学生识别自身心理危机的意识、建立与学生之间的信任关系。通过"四级"预警防控机制及时发现学生心理异常、"心晴防护网"的及时联动协调，以及制定并实施危机应对措施和干预措施，快速干预处理大学生心理危机事件。

（二）"心晴防护网"项目联动协调机制

北大学生心理中心"心晴防护网"项目在"四级"预警防控机制中，起到联动协调各部门、各层级及专业人员的重要作用。作为一张全方位、立体化、全覆盖的联动网络，它联合了北大学生心理中心的 50 余位专兼职咨询师、80 余名接线员、175 名驻楼辅导员、130 余名院系心理委员，共同构建起一张点对点、人对人、校内外协同、多方面联动的网络。该网络集思政教育、心理疏导、危机干预等功能于一体，实现了数据收集、信息传递、干预实施的全方位覆盖，形成了数据网、信息网、干预网"三网合一"的格局。该项目与学校各院系、校团委、校保卫部、北京大学医院、北京大学公寓服务中心、北京大学第三医院、北京大学第六医院等单位开展了紧密高效的协作，争取到了最广泛的力量支持。它能够跨地域地对学生的思想和心理波动进行备案分析、精准发力、及时干预，对大学生的心理问题预警、心理危机干预以及大学生的自我成长具有不可或缺的作用,是确保大学生心理危机预警、识别、应对、干预顺利实施的桥梁和纽带。

1. 心理危机干预24小时双值班

北大学生心理中心学生心理危机干预工作由中心主任或副主任带班,由危机干预值班咨询师、危机干预备班咨询师和危机干预督导共同组成工作团队。危机干预值班咨询师每周负责本周的危机干预事宜,值班时间为每周一上午9:00至下周一上午9:00。危机干预值班咨询师在当周除了负责自己承担的危机个案咨询外,其他个案咨询暂停一周,当周的轮岗学习也暂停。无特殊情况,团体咨询活动如常进行。若在当周危机干预值班咨询师无法同时处理多起危机,或者有特殊情况需要协助时,危机干预备班咨询师将作为首选补缺咨询师,协助进行心理危机干预。危机干预督导是本中心负责危机干预的二线督导,负责指导危机干预值班咨询师处理危机事宜,并在必要时补缺处理危机或者处理高难危机事件。

(1)当发生危机事件时,由当周危机干预值班咨询师负责安排处理。

(2)若当周危机干预值班咨询师正在处理紧急危机情况,则由该咨询师安排其他咨询师处理,顺位规则为当周危机干预备班咨询师、下周危机干预备班咨询师、再下周危机干预备班咨询师,以此类推。

(3)在危机处理过程中出现其他突发、高危情况,当周危机干预值班咨询师可向二线危机干预督导汇报处理。

(4)危机干预咨询师要遵守职业伦理,严格按照危机干预流程进行处理。

2. 心理危机干预全局把控路径

第一,由"四级"预警防控机制及时预警学生心理危机。第二,由"心晴防护网"联动协调人员，尽快获取各方面信息，评估危机，视情况采取不同干预措施。第三，根据心理危机干预流程，实施危机干预（见图 5-2）。

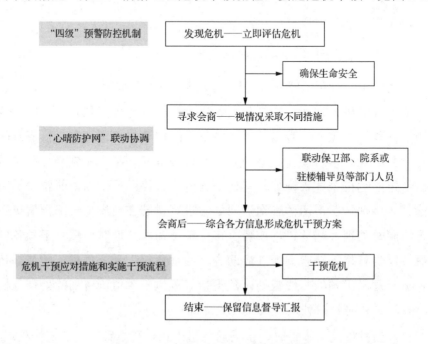

图 5-2 心理危机干预全局把控路径

（三）院系工作者干预心理危机时的注意事项

院系工作者与本校学生心理中心、驻楼辅导员队伍、学生心理委员队伍应开展定期会商，可依托设置的 24 小时心理援助热线、24 小时网络危机筛查系统、学生心理健康测评等工作机制为核心手段，建立并实时更新危机学生心理健康状态台账，以便预警并识别危机、及时追踪危机学生动态，全面动态把控在校学生心理健康的实时状况，并根据学生的实际心理需求进行有效帮扶，给予持续关注。

通过"心晴防护网"联动协调后，院系或家长协助学生送医就诊，具体分三类情况。

第五章
大学生心理危机干预工作

1. 辅导员与家长一同协助学生公费医疗就诊

（1）前往校医院精神科（周一、周五上班）开具转诊单（由校医院医师开具，转往合同医院）；情况紧急时，可以选择先行就医，并在一个月内前往校医院补开转诊单；就医首选北京大学第六医院。

（2）挂号：一般凭身份证挂号，有些医院还需要办理所在医院的就医卡配合缴费。如果条件允许，请尽量提前通过网络挂号；如果需当日挂号，尽量早点到达医院。

（3）陪同就医：家长和辅导员共同陪同学生前往医院。如果学生自愿前往医院，根据北大学生心理中心建议，由学院安排专人陪同。就诊时，需要协助办理各种手续，积极向医生和学生介绍当前情况，认真听取医生的医嘱，配合医生完成后续入院/取药等手续，并及时向北大学生心理中心反馈学生的就医情况。

（4）学生就医后：及时告知北大学生心理中心相关负责老师（对接专职教师或评估/危机干预老师）关于学生的诊断、医嘱情况，并在征得学生或其家长同意后，将门诊、住院病历复印后，交给心理中心老师，并对该学生保持关注。

（5）院系联系家长并实行24小时监护。第一，建立协同工作群，成员仅包含：学工部部长、院系党委副书记、学工负责老师、辅导员、心理中心危机干预相关负责老师、热线值班咨询师、网络值班咨询师。协同工作群需要注意对学生隐私进行保密，无关人员不得加入。特殊情况下，可以增加必要人员，如导师、保卫部老师等。第二，联系北大学生心理中心，协调校内宾馆一楼陪护房间。第三，尽快确定学生位置并与学生取得当面联系，进行沟通，以确保其安全。当晚需安排陪护，学生可以选择陪护人员（亲友、学工老师等）。沟通务必当面进行。第四，落实陪护制度，陪护者不少于2人，且至少一人为同性别。第五，与学生监护人取得联系，介绍学生情况，并要求监护人尽快赶到。第六，原则上，学院 24 小时陪护不超过一天，力争在 48 小时内由法定监护人到校接过监护责任。学生监护人到达后，即移交监护责任。特殊情况下，若监护人需要更久时间到达，负责陪护的人员需要进行替换；严重情况下，需要 2 人共同陪护并安排多人轮班。极特殊情况下，在告知监护人情况的严重程度后，若其仍拒绝前来，须让其签署知情同意书，并传真回校存档。

2. 家长监护下就医住院

（1）就诊时携带：身份证、银行卡、院系开具的介绍信、1 万～3 万元押金，视住院长度而定。

（2）床位：一般北京大学第六医院床位较紧张，如果实在没有床位，可以联系医政科通过绿色通道协助解决；或联系学工部和北大学生心理中心协助；或询问医生关于转院事宜，一般回龙观医院、安定医院床位较为充裕。

（3）转诊单补办：可以补办，须在一个月内，带好在医院产生的相关诊断证明材料去北大校医院办理转诊单即可（一般包含诊断书、病历等）。

（4）学生不同意住院怎么办？一般建议做好学生思想工作，尽量遵医嘱住院治疗；如果医生认为也可以不住院的话，可交由监护人看护。如果医生认为需要住院治疗，学生或其家长拒绝，则需要签署知情同意免责声明，并存档。

（5）签字入院：若医生判断学生具有完全民事行为能力，一般情况下，当学生被诊断患有抑郁症时，学生可以自行签字入院；若医生判断学生失去完全民事行为能力，一般情况下，当学生被诊断为重性精神病，如精神分裂症急性发作、双相情感障碍发作期等，此时学生需要监护人签字入院。

3. 监护人无法陪同

监护人不在，无法陪同就医的，需就诊前及时联系监护人，由监护人书面签署监护权转让/委托授权书，并通过传真/拍照方式发送给陪同就医的老师。老师应携带该授权书，在获得医院确认授权书有效后，代监护人签字办理入院手续。对于这类情况，建议先联系医院相关部门，确认授权书的有效性及就诊流程后，再安排就诊。

学生入院治疗后，建议学院老师定期联系或前往探望，表达学院的关心，为学生解答相关学业等方面的疑惑，协助办理休学、请假等事宜。

第三节 危机学生管理

一、危机干预学生日常管理注意事项

北大学生心理中心、院系和驻楼辅导员联合关注具有一定自伤/自杀/伤人风险的学生，这些学生目前虽尚未构成即时的危险，但仍需密切关注，暂不直接实施24小时监护。在对学生进行日常管理时，应特别注意如下事项。

（1）北大学生心理中心、院系专职辅导员、驻楼辅导员应定期会商互通新增或解除关注学生信息，重点关注学生动态。

（2）专职辅导员、驻楼辅导员介入，与北大学生心理中心密切保持联系，通过直接或者间接的方式确保至少每周1次进行沟通，并将联系情况及时反馈至该中心。

（3）通过学生心理委员、班长、党支书等学生骨干侧面关注。

（4）通过同寝室室友密切关注。

（5）通过朋辈心理辅导员、带班辅导员侧面关注。

（6）通过班主任、专业课老师了解该学生学业情况。

（7）与该学生家长在必要和允许（经过评估不会使得局面恶化）的情况下，保持密切沟通。

（8）协助学生送医就诊。北大学生心理中心与北京市教育工委合作，并借助北京大学与北京大学医院、北京大学第三医院、北京大学第六医院等医疗机构联合开通的学生"绿色就诊通道"，以协助学生及时就医就诊。学生紧急救助流程见图5-3。

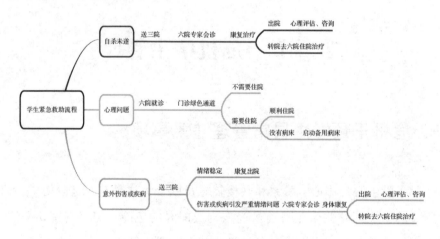

图 5-3　学生紧急救助流程

（9）由"心晴防护网"联动协调机制重点关注学生失联问题。

当发现有学生失联时，应采取如下措施。

① 前往宿舍、教室等地方落实学生位置，在不透露具体情况的前提下询问其周围同学，共同确认学生的位置。

② 学生失联超过48小时后，可以前往公安局报案查找。

③ 对于有严重自杀倾向者,应立即联系学工部等相关部门,必要时在发现后尽快(而非严格限定在48小时内)联系保卫部,并报警寻求定位帮助。

二、危机学生坚持在校学习(缓考等)和休学复学后的共管措施——以北京大学为例

根据《中华人民共和国精神卫生法》,北大心理中心调整了期末缓考心理援助工作办法,具体细则如下。

(一)心理中心为学生提供24小时期末心理援助

为帮助学生缓解在考试期间的心理压力和焦虑情绪,心理中心将通过"一次性单元咨询"和24小时心理热线等方式,提供全天候的心理援助服务,为学生以积极心态度过考试周保驾护航。同时,心理中心将在考试期间通过微信公众号发布应对压力和调节情绪的系列科普文章,指导学生更好地调节心理,积极备考。

(二)"精神状态说明书"服务

根据《中华人民共和国精神卫生法》,心理中心简化工作流程,将"心理评估"服务调整为提供"精神状态说明书"服务,对于持有近半年内精神卫生医疗机构就医和诊断证明的学生开具"精神状态说明书",具体申请办法如下。

(1)申请"精神状态说明书"的学生向院系提出申请,填写《"精神状

态说明书"申请表》(见表 5-1),由院系汇总并签字盖章后统一提交给心理中心进行审批。

表 5-1 "精神状态说明书"申请表

姓名		院系/年级		学号	
电子邮箱		手机		宿舍电话	
申请缓考的时间段					
精神卫生医疗机构就医情况说明(附相关证明材料图片)	请说明近半年内在精神卫生医疗机构的就医情况(具体包括就诊时间、诊断结果、治疗建议)				
心理咨询情况说明	请说明近半年内接受心理咨询或治疗的情况(如接受心理咨询或治疗的地点、已完成咨询的次数等)				

续表

院系意见	党委副书记签字：　　　　　　　盖章：
心理中心意见	咨询师签字：

（2）心理中心根据学生在近半年内在精神卫生医疗机构的就医和诊断证明情况，为学生开具"精神状态说明书"，供学生在申请缓考时使用。

学生提交申请表的时间须早于申请缓考的时间段。

（三）休学复学后的共管措施

1. 心理中心层面

北大学生心理中心对于处于心理危机状态，或者虽患有精神疾病但经专科医院诊治后社会功能基本正常，可以在接受医院治疗（服药）的同时在校坚持学习的学生，建立心理健康状态台账。应定期（如每周一次、两周一次等）提供心理辅导，给予学生心理支持和帮扶，并督促需服药学生按时按量服药，保持持续关注，直至危机状态完全解除或学生毕业。对于因心理疾病办理休学手续后申请复学的学生，需要在复学前一周内前往指定专科医院复查，复查结果需证明其社会功能基本恢复，北大学生心理中心将依据复查结果再次进行评估，确认是否可以恢复学业。

2. 院系层面

第一，辅导员需要根据学生实际情况，定期（如每周数次、每周一次、两周三次等）给予关注，平时应通过谈心谈话等方式，关心、陪伴学生，以缓解其情绪，减少孤独感。第二，对于重点关注学生，辅导员应安排班级学生心理委员、同宿舍学生骨干进行日常关注，并要求他们定期汇报关注信息。对于因心理疾病办理休学手续后申请复学的学生，需待北大学生心理中心确认可以复学后，方可安排复学，并与家长签署《学生返校协议书》。若经专科医院复查或心理中心再次评估发现学生心理状况仍有异常，则学生需继续休学治疗，直至休学期满且复查、评估结果符合复学要求。

3. 家长层面

家长应定期电话联系或选择陪读，劝导并监督需服药的学生按时服药，并及时与院系沟通，互通学生具体情况。对于因心理疾病办理休学手续后希望复学的学生，家长应协助学生前往指定的专科医院进行复查，并携带复查报告、住院病历和出院小结等材料，联系北大学生心理中心。心理中心将对住院治疗情况进行了解和评估。若学生因为精神障碍休学的，复学后仍需联系北大学生心理中心，再次评估其当前精神状况，并根据需要采取必要的跟进措施。

延伸阅读

马喜亭、冯蓉:《辅导员应对大学生心理危机指导手册》,高等教育出版社 2021 年版。

方新:《危机和创伤中成长:10 位心理专家危机干预之道》,机械工业出版社 2021 年版。

第六章

驻楼辅导员心理育人工作

第六章
驻楼辅导员心理育人工作

心理育人是高校辅导员的重要工作之一，工作性质决定其具有心理育人的独特优势。近年来，越来越多的高校要求辅导员入驻学生宿舍，与学生同住宿、同生活，在及时应对学生心理危机事件、处置应急突发事件、防止危机事件进一步扩散的同时，工作也延伸至拓宽心理健康宣传渠道，解决学生心理困惑。心理育人工作不仅是在与学生同住、同生活的过程中借助扩大宣传、走访宿舍、谈心谈话、开展活动等手段，传播心理健康知识，开展心理健康教育，还需要在此过程中解决学生学习生活困难，察觉学生潜在心理危机，充分考虑学生心理因素，将心理学手段和方法运用到辅导员工作的方方面面，参与学生生活的点点滴滴，促进学生心理健康，提高辅导员（驻楼）工作质量。在心理育人工作过程中会涉及一些法律法规和伦理问题，入驻宿舍的辅导员在发挥心理育人优势的情况下，如何明确自身在楼宇内的角色定位，也显得格外重要。

第一节　驻楼辅导员心理工作室的搭建和工作角色定位

一、驻楼辅导员心理工作室的搭建

驻楼辅导员心理工作室（简称驻楼工作室）的搭建要充分考虑楼内学生需求、功能分区和色调，营造一种开阔、温馨的环境，为驻楼辅导员开展谈心谈话、心理健康教育活动等工作提供便利。前期需在楼内进行学生需求调研，以主题形式进行搭建，配色上要遵循温馨、明亮、开阔的原则，避免带给学生负面情绪的颜色，如暗色。根据搭建的实际情况，功能也需要进行区分，如会客区、视听区等，辅助驻楼辅导员开展心理健康教育工作。以下为某高校驻楼工作室搭建部分示例。

（一）驻楼工作室主题

涵盖党团建设与思政引领、学业辅导与学术交流、读书与读史、新生适应与生涯规划、职业兴趣探索与就业指导、情绪疏导与心理健康、运动健身、书法与美育、手工DIY与兴趣拓展、搭建卫生文明宿舍等多个方面（见表6-1）。

表6-1 某大学"思政+心理"驻楼工作室项目指南

项目编号	项目名称
1	心理健康教育类
2	生涯规划与职业兴趣探索类
3	学业指导与帮扶类
4	劳动育人类
5	志愿服务类
6	技能提升类（平面设计、视频剪辑）
……	

注释：以上指南仅供参考，驻楼辅导员应以工作室为起点，充分发挥自身所长，将工作室项目建设与思政育人工作相结合，认识学生、了解学生、帮助学生，引导学生成长为有理想、有本领、有担当的时代青年。

（二）驻楼工作室配色

结合学校实际，按照房间功能不同，以多彩+明亮为核心，体现生命力、自然风,进入后会让学生心情放松,充满活力(见图6-1、图6-2)。

图6-1　女宿驻楼工作室会客区示意图

图6-2　男宿驻楼工作室会客区示意图

（三）驻楼工作室的功能

思政引领方面：可以带领学生学党史、观红色电影、解读时事政策、开展党史知识竞赛、组织思政座谈会等。专业培训与生涯探索方面：可以邀请心理咨询师开展讲座、团体辅导沙龙、生涯规划卡牌、一对一深度谈心谈话等，邀请就业中心老师开展求职笔试面试指导等。兴趣拓展方面：羽毛球、拳击等运动健身，各类 DIY 活动、书法绘画、插花、品茶、旧物改造等活动。

案例

不同驻楼工作室及其功能

（1）党建活动室（区域）：房间内的标语墙饰内容为入党流程导览、入党誓词和理论学习等内容，为宿舍楼内营造浓厚的思政育人氛围，增强了积极分子同学对党组织的认同感和归属感，是加强学生思想教育、党性教育的重要活动场所，同时极大提高了党建活动开展的便利性。

[功能]能结合党建思政育人功能，房间风格庄严而不失活泼，党建元素不可少，简洁，突出重点。

（2）养心室（区域）：依托学生社区"一体化"管理机制，配备了减压沙袋、减压包、心理学书籍以及舒适的沙发和座椅，为辅导员、专业班主任和第二班主任顺利开展与学生的谈心谈话工作提供便利，在拉近与学生距离的同时，更加提升心理育人工作成效。

[风格]围绕温馨、暖心、解压、减压等几个词来设计，注意光和色彩。

（3）悦读室（区域）：悦读室布局精致而温馨，舒适明亮，室内配备桌椅和小型书架，便于学生静心阅读，畅游书海，鼓励学生培养阅读习惯，提升道德修养。同时，悦读室也为小型会议和小组讨论提供空间，利于深度辅导工作的顺利开展。

[功能]能营造宁静致远、明亮温暖的氛围。

（4）"茶吧"室（区域）：主要用途为邀请校外部资源为学生定期举办心理教育品牌活动，配备电子显示屏和大型投影幕布。为了有效利用紧张的学生活动空间资源，可以定期在此处组织人文观影活动，学生也可免费借阅各种人文类、心理类书籍。

[功能]有现代风格，但也需雅致又不失亲切感，高端大气上档次的同时不带疏离感。这是年轻人的茶吧，是心理成长培育的园地。比如茶品置物架、统一风格的图书摆放架，均围绕"茶吧"这个主题进行设计。在这里举办的各种活动配上一杯好茶，共同营造出一个年轻人畅聊未来、碰撞思想的空间。

（5）多功能室（区域）：装修风格更加贴近学生群体，同时室内配备有电子屏幕，便于开展各专业班级团日活动和文化娱乐活动，丰富学生课余文化生活，促进美育教育与思政引领相结合。

[风格]线条简洁，富有科技感。

（6）谈心谈话室（区域）：为了应对新生对辅导员依赖性强、对大学生活和未来规划不明确的情况，特设了辅导员工作室。计划将来每日白天安排一位专职辅导员下沉一站式社区现场办公，在协管社区的同时，第一时间在学生生活区接触并帮助学生。晚间，驻楼辅导员可利用此房间进行谈话或组织小团体活动。工作室的主题墙饰与青春、信仰有关，旨在起到强有力的激励作用。

[风格]明亮有活力。

二、驻楼辅导员心理育人工作的角色定位

（一）宿舍学生心理健康知识的普及者

大学生普遍缺乏必要的心理健康知识和有效的求助渠道，遇到难以解决的问题时，往往难以及时借助资源或寻求帮助。部分学生长期对心理健康关注程度不够，缺乏积极获取心理健康知识的意愿，以及应对心理困惑的能力。辅导员入驻楼宇后，从日常生活入手，通过开展面对面互动、主题会议、学生活动、团体辅导等形式，向学生普及心理健康知识，可有效解决学生的即时困难。

（二）心理健康教育活动组织者

大学生心理健康素养的提升方法很多，其中，通过活动实现心理育人的过程是大学生较为认可的一种方式。在宿舍心理活动开展的过程中，驻楼辅导员可以担任设计者、组织者、引导者的角色，深入调研学生需求，将心理育人的理念巧妙融入学生宿舍生活之中，精心策划活动形式，帮助学生觉察心理变化，共同寻求心理支持，从而在潜移默化中消除学生潜在的心理隐患。

（三）心理问题学生的发现者

辅导员是学生的亲密伙伴，在日常教育与管理中，他们与学生接触的

机会最多，时间最长，对学生的了解也最为深入。入驻学生宿舍后，驻楼辅导员可以通过日常的接触、走访（见附件1）、沟通（见附件2）、观察及访谈等多种方式，充分发挥并调动学校心理委员、党员先锋队、班干部、宿舍长的积极作用，同时利用微信、微博、QQ等多种线上互动平台，实时了解学生的心理动态。此外，驻楼辅导员还可以从学校心理中心、学院心理辅导站及专业课教师处获取学生的心理信息，可以说，驻楼辅导员在宿舍学生心理问题发现方面的角色具有不可替代性。

（四）心理困惑学生的帮扶者

大学生的心理问题大多源自其学习生活中的实际问题，有效解决学生的实际困难是帮助他们缓解心理困惑的重要途径。深入分析这些实际困难，主要涵盖人际关系、学业就业、情绪情感等方面。辅导员作为能够解决这些心理困惑的重要角色，在入驻学生宿舍后，能够在学生生活中及时关注并追踪需重点关注学生的动态。当学生面临较为严重的心理问题时，辅导员不仅能够提供陪护，还能积极调动各种资源来帮扶学生。

（五）心理危机干预的协助者

学生宿舍是学生心理危机高发地，当心理危机发生时，驻楼辅导员可以第一时间赶到现场协助处理危机，第一时间收集最权威的资料进行综合判断，第一时间发现楼内其他同学是否受到影响，第一时间采取相关措施，第一时间协调校内相关部门、资源等协助处理危机事件，第一时间与学生父母沟通、取得学生家长的支持。辅导员还是心理危机处理的后续协助者，他们在协助存在心理问题的学生就医、办理请假、休学及复学等相关手续方面发挥着重要作用,并协助学生康复后快速融入宿舍和班级,帮助他们重新与同学建立起积极、和谐、温暖的氛围。

(六)学生心灵成长的沟通者

辅导员负责学生在校的日常管理和思想政治引领工作,学生遇到困难时首先想到的往往也是辅导员。驻楼辅导员在学生宿舍生活中有效拉近了帮助和沟通的距离,进一步拓宽了沟通的渠道。学生可以在相对放松的环境中与驻楼辅导员袒露心扉。宿舍的心理委员、班干部等发现学生心理危机时也可以迅速找到驻楼辅导员寻求帮助,这不仅有利于驻楼辅导员更全面地掌握学生的心理状态,而且能更好地为心理困惑学生提供帮助。

第二节 驻楼辅导员心理育人工作途径

一、心理育人工作机制和体系搭建

驻楼辅导员应与院系、学生心理中心、保卫部、校医院等其他相关部门协同工作,从而建立起多维度、多层级的合力闭环管理模式(见图6-3)。

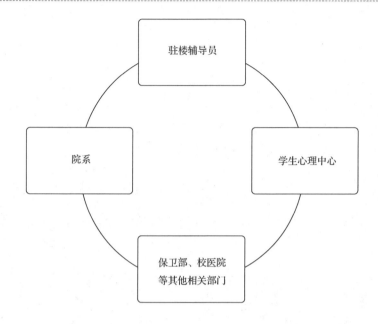

图 6-3 多维度、多层级的合力闭环管理模式

二、驻楼辅导员心理育人工作途径

（一）心理健康知识普及途径

驻楼辅导员可以充分利用学生日常生活的时间和空间，通过举办主题活动、主题讨论、小组讨论会等途径普及心理健康知识；同时，利用网络便捷的优势，充分利用好公众号、微信、微博、QQ 群、QQ 空间等平台来普及心理健康知识；结合学校、学院活动，组织开展心理演讲比赛、心理情景剧表演、心理辩论赛、心理征文、素质拓展等活动，从多方面普及心理健康知识；同时，注重培养班级心理委员和宿舍心理信息员，使他们成为普及心理健康知识的得力助手，从而将心理健康知识教育有机融入学生宿舍日常生活中。

 案例

××号楼"博士分享汇"第二期"幸福感提升"沙龙成功举办

某大学通过建立驻楼辅导员微信公众号进行心理健康知识普及宣传。以下事例为邀请学校心理学系博士开展的个人幸福主题沙龙。

为缓解疫情下的焦虑情绪,帮助博士生群体提升幸福感,5月22日晚8时,××号楼驻楼工作组在265工作室开展"博士分享汇"第二期"幸福感提升"沙龙。本期沙龙邀请到居住在××楼的心理科学与认知学院2018级博士生张晓(化名)进行分享。10余位同学参与沙龙,活动由驻楼辅导员李燕(化名)主持。

活动伊始,张晓请同学们分别作自我介绍并分享对"幸福"的理解。随后,结合大家对于幸福的理解,张晓围绕"什么是幸福感""什么因素影响了我们对幸福感程度的体验""如何提升幸福感"三个部分进行说明。

首先,关于"什么是幸福感",张晓坦言幸福感是最佳状态下的心理和生理功能和体验,并表示有学者总结了两种追求幸福的方式:享乐幸福与意义幸福。张晓为大家详细说明了"PERMA幸福模型",其中积极情绪(Positive Emotion)、投入(Engagement)、人际关系(Relationships)、意义(Meaning)、成就(Accomplishment)是幸福感的五个重要元素。

其次,张晓就影响人们对幸福感体验的因素展开分析。"参照点"是个体判断决策结果好坏的评价参考标准,他用多个生活案例阐释了

"回忆性评估"与"预期性评估"对幸福感体验的影响,并鼓励大家应秉持"活在当下、不念过往、不畏将来"的理念感知幸福、走向幸福。

最后,张晓带领大家完成了一系列提升幸福感的小练习。比如,积极主动式回应练习、三件好事练习等,与大家一起探寻发现幸福、保持幸福的秘籍。参加的同学纷纷表示这是一次缓解压力的美好体验,也是一次追求幸福的生动旅程。

"博士分享汇"作为××号楼驻楼工作组的品牌活动,帮助博士生开阔视野、交流互进,每期邀请一位居住在××号楼的博士生做客分享专业话题,做到术业有专攻、文化有认同、共识有凝聚,启智又润心。未来,××号楼将延续这一品牌活动,立足学生特点,深挖楼宇建设文化内涵,实现楼内学生的自我管理、自我服务、自我教育,激发楼宇时光新活力。

自公众号开通以来,深受学生喜爱,累计阅读量已突破12万,直接或间接普及心理健康教育知识,帮助学生心理不断成长。

(二)心理健康教育活动开展路径

驻楼辅导员可以根据楼内学生需求和特点设计和组织心理健康活动,也可以结合学校、院系、心理中心活动,把心理健康活动融入辅导学生的日常宿舍生活中。如举办心理趣味运动会、心理素质拓展活动,开展团体心理辅导;举办心理演说比赛、朋辈心理微课比赛、心理健康征文比赛、心理辩论赛;组织心理剧展演、最美宿舍评选、心理健康月等,通过活动开展营造良好的楼内心理氛围。

 案例

和谐宿舍创意大赛

某大学驻楼工作组结合5·25全国大学生心理健康日主题,开展"檐下心声奏和弦,楼与时光共青春"和谐宿舍创意大赛。

为深入贯彻落实习近平总书记对加强青年思政引领与心理健康教育的指示,全方位守护学生心理健康,将宿舍楼宇打造为思政教育、心理健康教育的又一阵地,加强基层院系与驻楼工作组的交流、协同与互动,充分发挥楼宇青年学生榜样的朋辈激励、示范与引领作用,学校学生心理健康教育与咨询中心、驻楼工作组将举办"檐下心声奏和弦,楼与时光共青春"和谐宿舍创意大赛。

【活动时间】

4月18日—5月9日

【参与方式】

大赛采用院系推荐与自主推荐相结合的方式。院系通过日常走访、谈心谈话,结合对学生的了解,鼓励并推荐学生参与;学生所在宿舍楼宇驻楼工作组全力配合院系,做好协同工作,让楼宇中更多卫生情况良好、成员相处和睦、科研成果突出、积极投身志愿服务等能够充分展现大学青年精神特质的和谐宿舍涌现。

学校将结合校内评审结果,推荐优秀作品参加××市大学生心理健康节和谐宿舍创意大赛,获奖者将获得相应的市级奖励,学生心理健康教育与咨询中心将对获奖学生所在院系、驻楼工作组予以一定的奖励经费支持。

【作品形式】

投稿作品分为"视频类""图文类"两个模块,分别征集作品进行评奖。

1. 视频类(接受 mp4、flv、m4v、mov、avi 视频格式投稿,择优展示)

2. 图文类(图文结合,需同时投稿 word 文稿和秀米推送,择优展示)

【作品要求】

1. 主题:视频/图文应围绕"和谐宿舍"进行展示。

2. 形式:"视频类"作品时长为 5~15 分钟,需附带 300 字左右的文字描述,讲述视频拍摄的故事与意图;"图文类"作品至少附有 5 张图片,字数不少于 1500 字,不超过 5000 字。

3. 内容:符合社会主义核心价值观要求,聚焦宿舍生活,展现积极向上、青春阳光的当代大学生风貌。

4. 创意:参赛作品均需原创,不得抄袭。

【提交方式】

标注参赛类别并发送至指定邮箱:××××@163.com

邮件标题:院系+姓名+类别+作品名

附件命名:院系+姓名+类别+作品名

【评审标准】

作品评选将采用大众投票与专家评审相结合的形式,评选出一等奖、二等奖、三等奖、单项奖若干,并为获奖宿舍颁发奖励证书。

参赛作品将从以下维度综合评审:

1. 内容丰富,情感真实,角度新颖,对青年风貌、宿舍生活、人际交往有充分展现。

2. 技巧出色,视频制作精良/摄影技术优秀/排版形式新颖。

3. 立意明确,体现思考,关照大学生心理健康。

(三) 发现心理困惑学生的途径

驻楼辅导员需对新入楼学生及时掌握其心理测评结果，并建立楼内学生台账，以快速掌握学生的基本心理状态。对重点关注学生需进行标注，并增加关心关怀频次。同时，台账中应详细注明学生个人关系的紧急联系方式，特别应包含家庭成员、宿舍成员、朋友等关键信息和联系方式。此外，应积极邀请学生加入楼内微信群，以便及时回应学生诉求。通过日常管理，主动与学生交流，采取深入宿舍等方式观察学生的表现，以摸清学生的心理状态。

联动就业、资助等部门，应对家庭困难、学习困难、单亲家庭、性格缺陷学生进行重点关照，掌握学生心理动态，发挥楼内心理委员、宿舍舍长的作用，对心理困惑学生实行月报制度，主动公开自己的联系方式和沟通渠道，让学生能够方便快捷地向驻楼辅导员表达自己的心声。

(四) 帮助心理困惑学生的途径

驻楼辅导员应主动借助学校心理中心专兼职教师的专业力量，协助解决学生的心理困惑。如果心理问题比较严重，心理咨询无法解决问题，则应及时借助家长及精神专科医院的力量，共同帮助学生渡过难关。对于涉及学业就业、升学考研等方面的问题，驻楼辅导员需要内部联动，及时告知院系辅导员，并借助学校专业教师、就业指导老师、职业规划师的力量，为学生开展相应的教育和辅导。对于家庭经济困难的学生，应协助学生争取勤工俭学岗位、科研助手等兼职工作，通过这些渠道帮助心理有困惑的学生走出困境。此外，驻楼辅导员还应借助楼内心理委员、宿舍舍长、班干部等的力量，充分发挥朋辈心理辅导的优势，给予学生适当的陪伴和朋辈帮助。

（五）协助做好心理危机干预途径

驻楼辅导员需第一时间赶到现场，积极进行处置，并启动联动机制，逐级上报至心理中心、院系领导，以便借助专业的力量进行研判。如遇危及生命或学生精神疾病突发的情况，应在遵循伦理原则和法律法规框架内，积极与家长沟通，争取其支持和理解，同时深入了解学生的成长经历和现状。随后，应及时将学生转介至专业机构，并做好陪护工作，协同做好心理危机干预工作（见图6-4）。

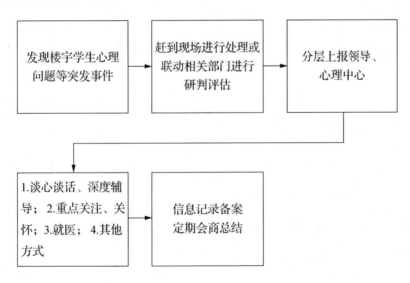

图6-4 驻楼辅导员心理危机干预途径

辅导员在开展心理危机干预过程中应该运用多方资源，本着对学生负责、对学校负责、对家长负责的态度，全方位了解学生情况，听取多方意见，采取有效措施，建立起及时发现、信息高效传达的大学生心理危机防范综合网络。

附件1：驻楼辅导员宿舍走访工作日志

走访人：×××　　时间：4月19日 19:30—21:00

序号	宿舍号	在寝人数	内容记录	备注
1	502	1	常规走访，发放书签等	
2	504	1	常规走访，发放书签等	
3	506	3	常规走访，发放书签等	
4	508	1	常规走访，发放书签等	
5	510	1	常规走访，发放书签等	
6	512	1	常规走访，发放书签等	
7	513	3	常规走访，发放书签等	
8	514	1	常规走访，发放书签等	
9	515	3	常规走访，发放书签等	
10	516	2	常规走访	无人

附件2：驻楼辅导员谈心谈话工作日志

谈话日期		谈话时间	
谈话地点		谈话事由	
谈话对象		所在院系	
学生年级		宿　舍	
信息备注			

谈话记录

一、个人及家庭基本情况：

二、学习及生涯规划：

续表

三、日常生活：

四、思想动态：

五、性格特点：

六、建议：

参 考 文 献

[1] 陈虹. 新时代高校心理育人内涵、困境与应对[J]. 思想理论教育导刊, 2019（7）: 110-113.

[2] 陈振伟. 基于积极心理学视角下辅导员谈心谈话工作的研究: 以福建省为例[J]. 才智, 2019（36）: 172-173.

[3] 高雯, 董成文, 窦广波, 等. 心理危机干预的任务模型[J]. 中国心理卫生杂志, 2017, 31（1）: 89-93.

[4] 李淼, 葛林艳, 王晓瑛, 等. 常态化疫情防控下大学生心理健康教育及科学干预机制研究[J]. 决策探索, 2021（8）: 22-23.

[5] 刘海娟, 肖博, 赫子铭. 基于团体动力学的班级心理健康教育活动实践与思考: 以中国矿业大学（北京）为例[J]. 北京教育（德育）, 2020（9）: 75-78.

[6] 刘开频. 高校院（系）二级心理辅导站服务模式研究[D]. 广州: 华南理工大学, 2018.

[7] 雒淼淼, 孙洁, 党娜, 等. 常态化疫情防控下大学生心理健康教育与管理探索[J]. 中国多媒体与网络教学学报（中旬刊）, 2021（8）: 219-221.

[8] 马丽. 试论学生辅导员的谈话技术[J]. 出国与就业（就业版）, 2011（22）: 63.

[9] 马喜亭. 高校积极心理健康教育模式探索[J]. 北京教育（德育）, 2011（Z1）: 12-14.

[10] 裘萍燕. 浅谈公寓辅导员的角色定位和队伍建设[J]. 科教导刊（上旬刊）, 2010（15）: 181-182.

[11] 荣媛媛. 高校辅导员角色定位研究述要与思考[J]. 皖西学院学报, 2008, 24（6）: 25-27.

[12] 苏力，杨阳，马丽. 独立学院辅导员职业能力提升的方法研究[J]. 学校党建与思想教育，2019（14）：74-76.

[13] 隋璐璐，宋振韶. 打造五维朋辈互助体系 提升大学生心理健康教育实效性[J]. 北京教育（德育），2020（3）：10-12.

[14] 孙菁，胡井军，孙钰杰. 中华人民共和国成立70年来大学生心理危机干预的变迁与发展[J]. 现代职业教育，2020（6）：230-231.

[15] 孙玥，王天娇，朱庆磊. 基于实证的高校学生宿舍育人机制研究：以南开大学学生成长社区为例[J]. 高校后勤研究，2018（8）：8-11.

[16] 田宝伟，刘燕. 点面结合 咨教相宜 构建大学生心理健康教育实效新模式[J]. 北京教育（德育），2010（11）：46-47.

[17] 田珍珍，王玲玲. 疫情常态化背景下高校大学生心理健康教育工作现状与对策研究[J]. 心理月刊，2021，16（1）：205-207.

[18] 王海宁. 高校辅导员队伍专业化职业化建设的现实审视与优化路径：基于全国4000余名高校辅导员的问卷调查[J]. 思想教育研究，2020（12）：151-155.

[19] 王品卿. 新媒体时代高校辅导员心理育人的路径探析[J]. 闽南师范大学学报（哲学社会科学版），2017，31（3）：134-137.

[20] 王召. 高校公寓思想政治教育研究[D]. 哈尔滨：哈尔滨工程大学，2010.

[21] 徐震虹. 以萨提亚模式促进心理危机干预中的家校合作[J]. 合肥师范学院学报，2018，36（2）：82-85.

[22] 杨鑫铨，龚勋，陶传谱. 构建两级心理教育体系提升大学生心理素质[J]. 中国高等教育，2014（20）：46-48.

[23] 俞超，王军. 高校心理危机干预中的学生管理工作流程研究[J]. 高教学刊，2021，7（17）：148-151.

[24] 张晓京，文书锋，胡邓. 打造大学生心理健康教育"人大模式"：通识教育、朋辈互助与精细化服务三合一[J]. 北京教育（德育），2012（2）：53-55.

[25] 张旭. 新媒体时代大学生心理健康知识宣传形式探究[J]. 北京教育（德育），2022（3）：80-82.

[26] 张鹰，龚映杉. 走出瓶颈：大学生公寓开发建设破解难题[J]. 中国高等教育，1999（21）：25-28.

[27] 赵思博，代征. 新时代高校辅导员职业能力提升的瓶颈与突破[J]. 现代教育科学，2022（3）：80-85.

[28] 郑剑斌. 大学生心理危机分析与干预对策研究[J]. 理论观察，2017（11）：140-142.

[29] 周莉，文书锋. 论导师在研究生心理危机干预体系中的作用[J]. 北京教育（德育），2010（4）：48-49.

后　　记

习近平总书记在党的二十大报告中指出："教育是国之大计、党之大计。"作为学生们的直接教育与管理平台，高校院系在开展思政教育和心理育人方面发挥着至关重要的作用。而心理健康教育工作因其具备普及范围广、受益者众多、切入点丰富等特点，已成为高校育人工作中不可或缺的一部分。

本手册旨在为院系工作者提供一套系统的心理育人方案，强调以人为核心，着力强化院系工作人员的心理素养，积极充分利用校内外的人力资源，构建由心理专家（咨询师）指导、辅导员主导的特殊心理育人队伍。

在开展学生心理干预工作的过程中，我们建议院系应当在学校心理中心的指导下建立包括察觉、发现、干预、转介等在内的一系列完备的干预体系，确保及时建档并更新学生心理状态信息，以便掌握学生心理动态，始终将学生生命安全放在首位，全力守护学生生命健康安全。

在育人方面，我们建议院系工作者不断拓宽思路，严格遵循学生心理成长规律，充分发挥院系学生在心理健康教育工作中的主体作用，以满足学生自我成长的心理需要。通过开展融合绘画、音乐、体育等多种元素的丰富多样的团体辅导活动，提供全方位、多层次和立体式的心理支持和服务，助力学生全面发展。

同时，我们也鼓励院系积极营造良好的心理健康氛围，进一步充分调动学生自我认识、自我教育、自我成长的积极性和主动性。我们相信，通过有效实施本手册，能够帮助高校院系进一步提升心理育人水平，为学生的全面发展奠定坚实的基础。